¡LOS MILAGROS SON CONTAGIOSOS!

Elogios para *Los milagros en ti*

"*Los milagros en ti* es un libro muy especial que te ayudará a tener una mentalidad de milagro, ver los milagros que te rodean y experimentarlos en ti. Si necesitas un milagro o tan solo quieres que se produzcan más en tu vida, lee y vive este libro".

Daniel Amen, MD, autor de *Change Your Brain, Change Your Life*

"Una mentalidad de creación de milagros comienza cuando inundas tu mente consciente con la idea de que puedes crear milagros. Después lo subconsciente se sitúa en consonancia con esa idea, y la ejecuta sin fallo alguno. En *Los milagros en ti*, Mark Victor Hansen nos inspira a todos a abrirnos a recibir y crear milagros... y en el proceso a crear una ola intencional de bondad por todo el mundo".

Sharon Lechter, CPA CGMA, autora de *Think and Grow Rich for Women*, y coautora de *Outwitting the Devil*, *Three Feet from Gold*, y *Rich Dad Poor Dad*

"Los milagros son fascinantes para el alma humana. Mi amigo Mark Victor Hansen enseña claramente cómo puedes experimentar y crear más milagros de los que nunca imaginaste".

Peter Guber, director y CEO de Mandalay Entertainment, autor del best seller *Tell to Win,* y propietario de Los Angeles Dodgers y Golden State Warriors

"Muchas personas no creen en los milagros. Mark Victor Hansen y yo hemos experimentado o presenciado muchos milagros. Sus descripciones de estos eventos en este libro ayudarán a todos los lectores, incluidos los escépticos, a creer en esos aspectos inexplicables e intangibles de la humanidad".

Benjamin S. Carson Sr., MD, profesor emérito de neurocirugía, oncología, cirugía plástica y pediatría en Johns Hopkins Medicine y presidente y CEO de American Business Collaborative, LLC

"*Los milagros en ti* habla claramente sobre los milagros desde un ganador demostrado. Mark Victor Hansen muestra por qué es el autor nº1 en el planeta por una buena razón. Su historia es un milagro, y su nuevo libro me inspira a darme cuenta de que todos nosotros también lo somos. Es refrescante leer algo que fomente el pensamiento positivo y la autoconfianza que desde hace tanto tiempo han sido las marcas de la obra de Mark y de la grandeza de nuestro país. Es una inspiración para todos y un placer de leer".

Ronald Bloomingkemper, Director de Freedom Equity Group

"Mi esposa y yo acabamos de terminar de leer *Los milagros en ti*, y tengo que estar de acuerdo con el comentario de ella: '¡Ha sido uno de los mejores libros que he leído jamás!'. Durante generaciones, la perspectiva común de los milagros ha sido bastante similar a un escenario tenuemente iluminado lleno de personajes de cartón en blanco y negro. A través del libro de Mark, Dios sopló el aliento de vida en los personajes de cartón, haciéndolos reales de nuevo y revelando el hecho de que los animados actores somos tú y yo, y que los milagros son el tapiz que Dios ha entretejido en nuestras vidas cotidianas; tan solo necesitamos observar y reconocer esta verdad. Creo que este libro comenzará una reacción en cadena de grandes milagros que no se puede detener".

Dr. Mick Hall, creador del programa "35 For Life"

"*Los milagros en ti* es el Mark Victor Hansen que conozco y amo. Como todos los grandes líderes, él nos impresiona, prometiendo y entregando experiencias de la vida personal que nunca pensamos que pudieran ser posibles. Mark hace que despertarse sea emocionante y muestra que vivir con carácter y propósito es un honor. En un tiempo en nuestras vidas en el que el impacto y el horror llenan las noticias las veinticuatro horas del día, oro para que otra alma sea tocada por este maravilloso libro".

David J. D'Arcangelo, presidente de las empresas D'Arcangelo y autor de *The Secret Asset*

"Soy un gran admirador de Dios y de Mark Victor Hansen. Si lees *Los milagros en ti*, te ayudará a abrir tu vida a la posibilidad de recibir y crear milagros. ¡Una lectura fabulosa!".

Ken Blanchard, coautor de *El Mánager al Minuto* y *Lead Like Jesus*

LOS
MILAGROS
EN TI

RECONOCE LA ASOMBROSA OBRA

DE DIOS EN TI Y POR MEDIO DE TI

Mark Victor Hansen

Publicado en asociación con Ted Squires Agency, Nashville, Tennessee

Diseño de tapa por Christopher Tobias, Tobias' Outerwear for Books

Edición en español por BookCoachLatino.com

Impreso en los Estados Unidos de América

15 16 17 18 19 VPI 8 7 6 5 4 3 2 1

¡Te dedico este libro a

TI!

La llama de tu vela que genera milagros
puede iluminar
a uno,
a cien,
a mil,
o incluso a millones más.

Sé una luz.
¡Sé un generador de milagros!

ÍNDICE

Prólogo

Por el Dr. Ben Carson

El que uno crea o no en los milagros es irrelevante. Se producen los reconozcamos o no. A veces es necesario estar vigilantes y ser introspectivos para reconocer los milagros en nuestra vida. Yo he sido testigo de muchos milagros, pero me gustaría destacar uno en particular.

Cuando era adolescente, tenía un temperamento particularmente violento. No era raro para mí perseguir a personas con ladrillos, palos y bates de béisbol. Incluso intenté golpear a mi propia madre en la cabeza con un martillo durante un ataque de furia. Por fortuna, mi hermano interceptó el martillo desde detrás de mí y pudo frenarme.

Un día catastrófico, tenía un cuchillo de camping enorme conmigo cuando otro adolescente me enfureció. Embestí contra él con el cuchillo, intentando clavárselo en el abdomen. Por fortuna, la gran hebilla metálica de un cinturón que llevaba debajo de su ropa recibió el impacto de la fuerza e hizo que la hoja del cuchillo se rompiera. Él huyó despavorido, pero yo me asusté más al reconocer que había intentado matar a alguien por nada. Me encerré en el baño y con lágrimas en los ojos contemplé mis circunstancias. Reconocí que de no haber llevado puesto el cinturón, mi amigo hubiera sido seriamente herido o muerto, y mi sueño de convertirme en médico hubiera sufrido un golpe mortal.

Estoy convencido hasta la fecha de que Dios obró un milagro en mi vida para conseguir un cambio tan drástico casi de forma instantánea. La calma y tranquilidad resultantes fueron vitales en mi exitosa carrera como neurocirujano y mi incursión en el mundo de la política tras la jubilación.

Me arrodillé y le rogué a Dios que me ayudara con este problema de enojo. Había una Biblia en el baño, y la tomé y fui al libro de Proverbios y comencé a leer. Había muchos versículos acerca de los necios y de la ira, y parecía como si se hubieran escrito todos para mí. Me quedé en el baño durante tres horas leyendo, orando y pensando en mi vida. Llegué a un milagroso entendimiento de que reaccionar con ira e intentar hacer daño a otros era de hecho una señal de debilidad y egoísmo. Ese fue el último día de mi vida en el que tuve un estallido de furia. Estoy convencido hasta la fecha de que Dios obró un milagro en mi vida para conseguir un cambio tan drástico casi de forma instantánea. La calma y tranquilidad resultantes fueron vitales en mi exitosa carrera como neurocirujano y mi incursión en el mundo de la política tras la jubilación.

Algunos han dicho que mi transformación refleja mi capacidad para esconder mi ira. Eso significaría que el cambio fue realmente solo un trabajo de pintura; de hecho, fue un cambio de corazón, y el enojo sencillamente ya no está ahí. Un cambio así solo puede explicarse mediante la intervención de un poder mayor que nosotros mismos. ¿No es eso en lo que consiste un milagro?

Espero que disfrutes de este libro de Mark Victor Hansen, el cual está basado en muchas historias reales de milagros que han tenido resultados que han cambiado la vida de muchas personas, algunas de las cuales son bastante conocidas.

Introducción

La mayoría de las personas tiene una perspectiva de los milagros de "espera y ve". Quizá crean que los milagros ocurren, pero no saben cuándo, dónde o por qué suceden. Simplemente se sientan; y esperan; y oran. Creen que los milagros *solo* se producen en lo sobrenatural, explosiones con fuego en el espacio de la intervención divina de Dios. Y algunos creen que los milagros *solo* ocurrieron en el pasado. Están equivocados.

Aunque no hay duda de que la humanidad ha recibido muchos regalos celestiales de origen sobrenatural, vistos a lo largo de las Escrituras e incluso en el periódico local si saben cómo mirar, hay también otros tipos de milagros. Estos milagros suceden muchas veces al día, a cada uno de nosotros o cerca, en todo el mundo. Estos milagros son acciones o palabras sencillas que entran en nuestras vidas y las cambian para mejor. Estas interacciones pueden parecen sosas y ordinarias al principio, pero con el tiempo puedes ver cómo cambian por completo la trayectoria de tu vida. Crean resultados que nunca podrían haberse logrado sin una intervención "milagrosa". Estos son los milagros que *nosotros* podemos crear. Dios ha puesto estos milagros dentro de cada uno de nosotros, esperando a ser liberados.

¿Qué ocurriría si siete mil millones de personas crearan solamente un milagro cada una? Quizá este libro inspire muchos de ellos. Esa es ciertamente mi esperanza y mi oración.

Hacer milagros

Jesús es, sin lugar a dudas, el Hacedor de milagros supremo. Incluso quienes normalmente no leen la Biblia no pueden escapar del poder de sus milagrosas historias en las Escrituras. En mi lectura de los Evangelios, cuento treinta y siete veces distintas en que Jesús hizo un milagro. Se produjeron sanidades, exorcismos y muestras de conocimiento sobrenatural. Incluso convirtió agua en vino ¡y resucitó a un hombre de la muerte! Sin duda, todo el que conocía a Jesús sentía su poder y potencial milagroso. Me pregunto cuántos milagros más hizo Jesús que no están registrados en las Escrituras. Me pregunto cuántas de sus interacciones aparentemente insignificantes con la gente tuvieron como resultado un callado milagro que de algún modo pasó inadvertido pero que cambió la vida de alguien para siempre. Quizá eso es a lo que se refiere el apóstol Juan en el pasaje de cierre de su

Evangelio: "Jesús hizo también muchas otras cosas, tantas que, si se escribiera cada una de ellas, pienso que los libros escritos no cabrían en el mundo entero" (Juan 21:25).

No hay límites en los milagros; sin embargo, la mayoría de personas viven como si no tuvieran derecho a ninguno. Actúan como si los milagros los hicieran y les sucedieran a otras personas, pero nunca a ellos. ¡No es así! Jesús dice abiertamente en Juan 14:12: "Ciertamente les aseguro que el que cree en mí las obras [milagros] que yo hago también él las hará, y aun las hará mayores, porque yo vuelvo al Padre". ¿Parece eso imposible? No lo es.

No hay límites en los milagros; sin embargo,
la mayoría de personas viven como si no
tuvieran derecho a ninguno. Actúan como si
los milagros los hicieran y les sucedieran a otras
personas, pero nunca a ellos. ¡No es así!

Yo he visto la evidencia de los milagros de Dios, grandes y pequeños, en el transcurso de mi vida. Podría mirar atrás a casi cualquier día de mi vida y mostrarte una cadena de milagros que Dios hizo por mí *y* los que Él me permitió hacer por otras personas. No, nunca he resucitado a nadie de la muerte, pero *he* ayudado a salvar la vida de alguien. No creé la tierra, pero *ayudé* a salvar una nación. Hubo un tiempo en que pensaba que esas cosas eran buena suerte o coincidencia, pero ahora lo veo de modo distinto. Ahora sé que Dios me ha usado para hacer muchos milagros en el mundo. Eso puede sonar un tanto altivo, pero nada estaría más lejos de la verdad. No es altivez alabar a Dios por la manera en que está trabajando en mi vida y en las vidas de otros para hacer cosas tan sorprendentes. De hecho, es increíblemente humillante darse cuenta de que Él no solo está *dispuesto* a usarme, ¡sino que Él *elige* trabajar a través de mí tan a menudo!

El viaje hacia el milagro

A veces los milagros pueden parecer espontáneos, pero eso no significa que sean accidentales. Cada milagro es el resultado de un acto o decisión intencional, ya sea un acto directo de Dios o un milagro más "común" que Dios nos permita hacer. Para abrir todo nuestro potencial de hacer milagros, tenemos que ser intencionales en cuanto a recorrer una progresión que yo llamo el viaje hacia el milagro.

El primer paso es *Creer el milagro*. Amigo mío, los milagros existen. Son reales. No son coincidencias. No son "accidentes felices". Son actos planificados e intencionales de Dios para mostrar su poder y su amor, y para hacer que este mundo sea un lugar mejor. ¡Pero hay muchos milagros más en el mundo aparte de los asombrosos que están escritos en la Biblia! Mientras comenzamos en el viaje hacia el milagro, primero necesitamos ensanchar nuestra visión de lo que son los milagros para poder posicionarnos mejor para verlos en nuestra vida y en las vidas de otros.

El segundo paso es *Ver el milagro*. Dios está trabajando en tu vida, y lo ha estado haciendo todo el tiempo. Ha intervenido sobrenaturalmente y ha cambiado el curso de tu vida muchas veces. Y, por supuesto, Él ha usado a otras personas en tu vida para guiarte, bendecirte e instruirte continuamente durante todo el trayecto. En nuestro camino a convertirnos en hacedores de milagros, primero debemos detenernos y reconocer todos los milagros asombrosos en nuestras propias vidas.

Los milagros no suceden por accidente. Dios puede intervenir y lo hará en cualquier momento y te usará para bendecir a alguien, pero eso no significa que no puedas también buscar formas de bendecirles.

El tercer paso es *Ser el milagro*. ¡Ahora estamos cocinando algo! Recuerda que los milagros no suceden por accidente. Dios puede intervenir y lo hará en cualquier momento y te usará para bendecir a alguien, pero eso no significa que no puedas *también* buscar formas de bendecirles. Cuando reconoces que los milagros existen y comienzas a ver cómo Dios ha movido montañas en tu propia vida, desarrollarás un hambre insaciable por ser ese catalizador en la vida de otra persona. Esto crea un sentimiento indescriptible de unidad y cooperación con Dios, y es verdaderamente uno de los sentimientos más emocionantes que experimentarás jamás.

Rollos milagro

A lo largo del libro, siguiendo los capítulos, compartiré contigo diferentes frases inspiradoras que llamo *Rollos milagro*. Quiero que las recibas en tu espíritu. Que las marques como favoritas. Que leas al menos una al día, antes de levantarte en la mañana y justo antes de cerrar tus ojos en la noche. Estos Rollos milagro servirán para que tu mente sea totalmente consciente del magnífico potencial para hacer milagros que tienes.

Para convertirte en un hacedor de milagros, ¡tienes que decidir que puedes ser uno! Y cuando lo decidas, Dios proveerá. Dios llenará tu corazón con lo que necesites para cada esfuerzo concreto. Cuando crees y activas los milagros, estás diciendo sí a tu destino, y al propósito para el que fuiste creado. Por favor no te conformes con menos.

Una vida milagrosa

Al escribir esto me encuentro en Macau, al este de mar de China, mirando las hermosas aguas. Me siento enormemente bendecido. Me he casado con mi llama gemela, mi compañera del alma. Tengo un increíble círculo de amigos muy queridos y familia. Mi trabajo es mi pasión. Mientras interiorizo todo esto, me doy cuenta de lo extraordinaria que ha sido mi vida, ¡totalmente milagrosa! Mientras mi esposa Crystal y yo disfrutamos de unos días de descanso de nuestra gira en China, he estado pensando en todos los giros y vueltas y eventos asombrosos que he vivido. Las cosas grandes. Las cosas que parecían ser malas en un principio pero que a menudo resultaron ser buenas. Las cosas que parecían malas y fueron malas. Sin embargo, todas estas cosas abrieron las puertas para un milagro tras otro. ¡El siguiente siempre era mayor que el último!

A lo largo de este libro, conocerás a personas que "soñaron con el sueño imposible". Creyeron, actuaron y cambiaron el mundo para mejor. Te prometo que al menos una de estas historias tocará tu corazón, tu mente y tu alma. Prometo que verás cómo tu propia vida se abre a la posibilidad de recibir *y crear* un milagro, y quizá muchos más de uno.

Aunque no conozco tu disposición espiritual en este momento, creo que Dios ha puesto su mano sobre mi hombro y me ha dicho que escriba este libro para ti. Mi deseo es levantar tu espíritu, mente, corazón y alma. Al leer estas páginas, oro para que descubras el poder para hacer milagros en ti que nunca observaste hasta ahora. Mi misión es que veas y aceptes este poder, y que lo creas en lo más hondo de tu alma.

Espero y creo que tu vida será un milagro tras otro. Es tu derecho divino y, creo, tu destino. Por eso estás leyendo este libro. Viaja conmigo ahora, ¡y avancemos para descubrir los milagros en ti!

PARTE I

Creer el milagro

1

Los milagros están por todas partes

"¿**Q**uieres escuchar acerca de un milagro genuino?".

La pregunta me agarró totalmente desprevenido. Mi esposa y yo nos habíamos detenido en el supermercado para comprar algunas cosas, y yo había entablado una conversación con el dependiente en el mostrador. Había pasado los últimos meses trabajando en este mismo libro, así que en cuanto él dijo la palabra *milagro*, captó mi atención por completo.

"¡Por supuesto que sí!", fue mi respuesta. "Cuéntemelo todo".

Este joven comenzó a contarme con todo lujo de detalle la experiencia casi fatal que había vivido su esposa. Estaba conduciendo por una calle muy transitada ¡cuando de repente se dio cuenta de que su auto no tenía frenos! Iba conduciendo, con otros automóviles y viandantes a su alrededor, pero era incapaz de parar, o ni siquiera disminuir, la velocidad de su automóvil. Meramente por instinto, ella comenzó a orar: *Por favor, Dios, protégeme. Detén este auto. Guárdame de chocarme contra otro auto. Aparta a todos estos viandantes de mi camino. Condúcenos a todos a casa a salvo.* Tras varios segundos aterradores, el auto llegó a detenerse súbitamente gracias al árbol que estaba ahora firmemente plantado en su paragolpes frontal. De algún modo, su automóvil había conseguido atravesar el tráfico y las personas sin incidente alguno. El automóvil quedó destrozado, pero todos, incluida la esposa de mi nuevo amigo, llegaron a casa sanos y salvos esa noche. "Fue un milagro", repitió el dependiente.

Pensé en eso durante un segundo y le pregunté: "Entonces, ¿cómo crees que sucedió ese milagro?".

Su respuesta no podía haber sido más perfecta a la luz de todas las historias de milagros que había estado estudiando mientras trabajaba en este libro: "Estamos todos orados, hermano. Estamos todos orados, y *siempre* tenemos milagros".

Me encanta esa respuesta. "Estamos todos orados, y *siempre* tenemos milagros". Ese joven no tenía ni idea de que simplemente contándome esa historia, realmente él estaba *haciendo* un milagro. Él no sabía quién era yo. No sabía que había escrito varios libros que fueron best sellers ni que estaba trabajando actualmente en uno acerca de los milagros. Tan solo se sintió inspirado a contarme su historia, y al hacerlo Dios obró a través de él para recordarme que Él estaba conmigo mientras yo escribía este libro. Dios me estaba recordando que los milagros están por todas partes.

Ahora bien, quizá leas esto y digas: "Mark, te estás inventando esa historia. Ese es el tipo de historias que los predicadores y escritores cuentan solo para explicar lo que quieren decir". No, esta conversación *realmente* sucedió. Claro que ocurrió. ¿Por qué sucedió? ¿Por qué nos debería sorprender cuando nos vemos delante de una experiencia que solo se podría describir como milagrosa? ¿Por qué no deberíamos oír historias como esta un día tras otro y tras otro?

Su respuesta no podía haber sido más perfecta a la luz de todas las historias de milagros que había estado estudiando mientras trabajaba en este libro: "Estamos todos orados, hermano. Estamos todos orados, y *siempre* tenemos milagros".

Los milagros están a nuestro alrededor. A veces es Dios moviendo milagrosamente los obstáculos inamovibles en nuestras vidas. A veces es una sanidad milagrosa de un diagnóstico terminal. A veces, como con la esposa del dependiente, es apartar personas y automóviles del camino y poner un árbol en el lugar perfecto para detener un automóvil descontrolado. Esos son los tipos de cosas en las que no tenemos otra opción más que mirar al cielo y decir: "Dios, esto lo has hecho tú. No hay otra explicación".

Pero hay otros milagros que con demasiada frecuencia pasan desapercibidos. Esos son los milagros que caminan y hablan a nuestro alrededor. Se sientan en los cubículos a nuestro lado en el trabajo. Comparten el metro o el avión con nosotros. Están a nuestro alrededor en cines o en la iglesia. Están en los automóviles que nos acompañan en las carreteras, o en la fila a nuestro lado en los partidos de béisbol, o incluso detrás del mostrador del supermercado del barrio. Tú, todos los que conoces y todos los que te encuentres, tienen el potencial de convertirse en hacedores de milagros. Y cuando aceptas la verdad de que Dios hace milagros a través de hombres y mujeres comunes todos los días, no solo comienzas a *observar* los milagros a tu alrededor, sino que comienzas a *convertirte* en el milagro para la vida de otra persona.

La mentalidad de milagro

Albert Einstein dijo una vez: "O todo es un milagro o nada es un milagro". Intento tener una mentalidad de milagro todo el tiempo, así que yo de forma natural me decanto más por el lado de las cosas de que "todo es un milagro". Esa mentalidad de milagro cambia cómo ves el mundo. Cuando inundas tu mente y espíritu con la creencia de que Dios quiere hacer milagros en ti y a través de ti, todo tu ser, mente, cuerpo, espíritu y subconsciente, se sitúa en consonancia y establece el curso de tu vida en una trayectoria de hacer milagros. Eso ha sido así de real en mi vida.

En 1974, era un antiguo millonario durante veintiséis años en bancarrota. Estaba destrozado. Estaba tan mal ese año que tenía que estirarme hacia arriba para tocar el suelo. Para serte honesto, creo que fue un milagro que sobreviviera a ese año.

En ese tiempo, alguien me dio un programa de audio inspiracional de Cavett Robert, el decano de oradores y cofundador de la Asociación Nacional de Oradores. El programa se titulaba ¿Es usted la causa o el resultado? En esa presentación transformadora, Cavett me impactó con una de las verdades más poderosas de mi vida: "O eres la criatura de las circunstancias o eres el creador de las circunstancias. No puedes ser ambas cosas". Ese mensaje me llegó muy adentro. Fue como si Cavett me estuviera hablando directamente a mi desesperación, preguntándome si quería ser una víctima o un líder. ¿Quería ser alguien al que le *sucedieran* las cosas, o quería ser alguien que *provocara que las cosas sucedieran*?

Durante el transcurso de las semanas y meses siguientes, conté las veces que escuché ese programa de audio, como un pistolero del oeste poniendo marcas en su pistola. Escuché ese mensaje 287 veces. Sabía en mi corazón que Cavett estaba alimentando mi alma y reprogramando mi mentalidad torcida.

Una mañana, mientras Dios ordenaba mi vida y mi mente, me desperté con un sobresalto. De la nada, supe sin duda alguna cuál era el destino de Dios para mi vida. Tuve la visión de hacia dónde me llevaba Dios. Pasé ese tiempo de oscuridad en mi vida con un objetivo claro: convertirme en un orador y autor profesional. A partir de ese punto, mi mente se fijó en ese objetivo.

En ese entonces, compartía una casa alquilada con otros cuatro tipos. Desayunando un día, les pregunté si alguno conocía algún orador profesional a quien pudiera preguntarle cómo comenzar. Mi compañero de piso John dijo: "Hay un joven dinámico llamado Chip Collins que viene a hablar hoy a todos mis compañeros de la inmobiliaria". Eran las 8:30 de la mañana cuando oí este anuncio. Menos de treinta minutos después estaba sentándome con ese grupo de la inmobiliaria, listo para oír a Chip asombrar a la sala durante las próximas tres horas.

Invité a comer a Chip después de su presentación y le pregunté si podía ayudarme a adentrarme en el mundo de la oratoria profesional. Él accedió, mientras me mantuviera fuera de su mercado. Él pensaba que yo tendría más suerte apuntando a lo que él llamaba "el pozo sin fondo del entrenamiento motivacional necesario en el negocio de los seguros de vida". Me dijo ese día que tenía una posibilidad entre mil de tener éxito, pero que hiciera lo que pudiera durante las siguientes dos semanas mientras él estaba fuera de la ciudad. Dijo: "Las probabilidades de que lo consigas son muy bajas, pero si lo logras, te veré cuando regrese".

Dos semanas después, Chip regresó a la ciudad, y yo tenía veintiocho clientes en la industria del seguro de vida para mi nueva empresa de oratoria. Ya estaba realizando cuatro charlas de una hora al día, y pasaba las horas intermedias recorriendo la ciudad intentando conseguir más clientes. Estaba viviendo de mis charlas, y estaba maravillado. Por supuesto, no tenía verdaderamente experiencia hablando o entrenando, y es cierto que no sabía nada sobre el negocio de los seguros de vida. No conocía la diferencia entre un seguro temporal y un seguro de vida total. No sabía lo que era una prima de seguro. Ni siquiera *tenía* un seguro de vida en ese entonces, pero ahí estaba pasando todo el día cada día proveyendo entrenamiento y motivación de vida a salas llenas de profesionales del seguro.

Mira, lo que sí tenía yo era lo que más importaba: deseo. Tenía un deseo ardiente de aprender y dominar el fino arte de la oratoria, la formación y la escritura. Era mi magnífica obsesión. Era mi mentalidad de milagro.

Mientras me enfocaba cada vez más en el llamado que Dios puso en mi vida, y mientras confiaba en que Él movería las montañas de mi camino, milagro tras milagro pavimentaban mi camino. Fue un milagro que conociera a Chip Collins y que él estuviera dispuesto a entrenarme en mi nueva iniciativa. Fue un milagro que uno de mis primeros clientes fuera el líder más influyente y exitoso de su compañía, y que me pusiera en la puerta con más posibles clientes dispuestos de lo que podría haber soñado. Fue un milagro que me pagaran por más de quinientas charlas en ese primer año. Fue un milagro que cada uno de esos clientes invirtiera en mí o bien educándome en la industria del seguro o presentándome a nuevos clientes potenciales.

Dios se está moviendo de manera activa en tu vida. Está haciendo cosas maravillosas, no solo en el ámbito sobrenatural, sino también en las interacciones diarias que tienes con otras personas.

Estaba viviendo en la abundancia de la provisión y los milagros de Dios, y me encantaba todo ello. Me acordaba de las palabras del apóstol Pablo a los efesios: "Al que puede hacer muchísimo más que todo lo que podamos imaginarnos o pedir, por el poder que obra eficazmente en nosotros, ¡a él sea la gloria en la iglesia y en Cristo Jesús por todas las generaciones, por los siglos de los siglos!" (Efesios 3:20-21). Dios sin duda estaba haciendo muchísimo más de lo que pudiera pedir o imaginar, porque su poder estaba actuando dentro de mí, así como ocurre contigo. Entender del todo esta verdad, aceptar verdaderamente la mentalidad de milagro, lo cambia todo.

Tu historia milagrosa

Te estoy contando esta parte de mi historia por un motivo, y es convencerte de que nunca debemos subestimar el poder de nuestras historias. Tienen el potencial de cambiar el mundo. ¿Cómo lo sé? Bueno, recopilar historias poderosas ha sido mi pasión durante décadas. Hace años, Jack Canfield y yo creamos la serie Caldo de Pollo para el Alma, y desde que se publicó el primer libro, miles de personas se han sentido movidas a contarme sus historias. He oído historias increíbles de cómo Dios usó nuestros libritos para hacer cambiar de idea a personas respecto al suicidio, a cambiar la dirección de toda la nación del Líbano, a buscar la aventura en tierras lejanas, a comenzar una nueva empresa, a encontrar a la pareja perfecta, y mucho más. Es increíblemente humillante ver lo que Dios ha hecho simplemente porque hemos ayudado a la gente a contar sus historias.

Por lo tanto, a medida que avances por este libro, quiero animarte a pensar en tu propia historia milagrosa. Después, pasaremos varios capítulos examinando cómo *ver el milagro,* o rastrear la provisión milagrosa de Dios a lo largo de tu vida mientras buscas formas de *ser el milagro*. Pero por ahora, quiero pedirte que simplemente *creas el milagro*. Dios se está moviendo de manera activa en tu vida. Está haciendo cosas maravillosas, no solo en el ámbito sobrenatural, sino también en las interacciones diarias que tienes con otras personas. Incluso algo tan simple como una sonrisa de un extraño o una mano amiga de un vecino podría ser la evidencia del Creador del universo poniéndose a tu lado y haciéndote avanzar.

Si eso te parece algo imposible, te pido solo que durante los siguientes treinta días creas que los milagros son posibles para ti. Y si lo crees, aunque solo sea porque yo te lo estoy pidiendo, entonces pasa tiempo cada noche meditando en cómo Dios puede haber tocado tu vida ese día. Toma notas. Presta atención a los "actos aleatorios de bondad" que veas. Abre tus ojos a lo que Dios pueda estar haciendo en ti, a través de ti y alrededor de ti. Así es como desarrollarás la mentalidad de milagro, y así es como comienzas a desarrollar tu propia historia milagrosa.

Primer rollo milagro

Los milagros son naturales para mí

Dios quiere que mi vida esté llena de milagros.

Mi vida misma es un milagro.

Me suceden milagros continuamente.

Me despierto cada día y experimento

el milagro de vivir.

Mis milagros están aumentando y acelerando.

Pienso en los milagros, así que estos se producen.

Mis sueños son milagrosos porque me programo

para ellos antes de dormirme, esperando, pensando y

sintiendo el gozo de los milagros.

Al levantarme, me entrego a esta afirmación:

Hoy espero y recibo felizmente los milagros.

2

Entender los milagros

"¿Crees en los milagros? ¡SÍ!", gritó el presentador deportivo de treinta y cinco años Al Michaels mientras la multitud hacía el cuenta atrás de los últimos cinco segundos de lo que *Sports Illustrated* denominó el mejor momento deportivo del siglo XX durante su programa *20th Century Sports Awards* en diciembre de 1999. El momento, claro está, era la derrota que consiguió el equipo olímpico americano de hockey sobre la Unión Soviética en las Olimpíadas de invierno de 1980, un partido que inmediatamente se conoció como, apropiadamente denominado, El milagro sobre el hielo.

Los soviéticos llegaron a los juegos llenos de confianza. Su equipo estaba compuesto por jugadores profesionales e incluso algunos soldados en activo. Tenían acceso a instalaciones de entrenamiento de primera clase. Habían ganado la medalla de oro en seis de los siete Juegos Olímpicos previos. En todos sus partidos olímpicos en los últimos veinte años, el equipo soviético había ganado veintisiete de veintinueve partidos, con un empate y solo una derrota.

Por el contrario, el equipo estadounidense estaba compuesto por jugadores universitarios y amateurs. Solo uno de los veinte miembros del equipo olímpico estadounidense había jugado en los Juegos antes. El equipo era demasiado joven también, el equipo más joven de la historia olímpica de los Estados Unidos y el equipo más joven en jugar en los Juegos de 1980. Varios de los compañeros de equipo eran antiguos rivales de sus respectivos equipos universitarios. Solo dos semanas antes de la victoria estadounidense el 22 de febrero de 1980, el equipo soviético vapuleó al equipo de los Estados Unidos por 10-3 en un partido de exhibición.

Todo esto llevó al columnista del *New York Times* Dave Anderson a escribir una desalentadora opinión solo un día antes del emparejamiento entre los Estados Unidos y Rusia: "A menos que se derrita el hielo, o a menos que el equipo estadounidense u otro equipo haga un milagro… se espera que los rusos ganen fácilmente la medalla de oro olímpica".[1] Ahí está de nuevo esa palabra: *milagro*.

Bien, probablemente conozcas el final de la historia. El equipo estadounidense hizo, de hecho, un milagro. Quedando tan solo diez minutos en el reloj, el equipo estadounidense ganaba por 4-3 y lo mantuvo así durante diez largos e intensos minutos. La multitud estaba tan agitada que los 8.500 espectadores gritaron el cuenta atrás de los diez últimos segundos. Cuando quedaban cinco segundos en el reloj, cuando estaba claro que los estadounidenses habían asegurado la victoria, el locutor deportivo Al Michaels simplemente no pudo contenerse más. Gritó sus ahora famosas palabras.

¿Crees en los milagros?

¡SÍ!

Sí, creo en los milagros. Creo que Dios hace actos asombrosos y sobrenaturales de belleza y asombro. Y sí, creo que un equipo de jóvenes adultos idealistas que trabajan duro también puede hacer milagros. ¿No es interesante que todo el mundo inmediatamente haga la conexión entre un simple partido de hockey y una de las palabras más poderosas de la lengua? Incluso se hizo una película reflejando esta historia. Cuando los productores y ejecutivos de audio estaban considerando títulos, se enfocaron en una palabra sencilla que lo englobara todo y fuera inspiradora: *Milagro*. ¿Por qué? Porque sabían lo poderosa que era esa palabra, y porque sabían que los cinéfilos, y el resto de nosotros, anhelamos que nos recuerden la presencia de los milagros en nuestra vida.

¿Qué es un milagro?

Como he oído literalmente miles de historias de milagros de personas de todo el mundo, y como he madurado en mi propio camino de fe, me he visto ante todas las preguntas que sin duda tú mismo tendrás:

¿Qué es un milagro?

¿Realmente existen los milagros?

¿Son los milagros algo que ocurría solo en la Biblia?

¿Son los milagros intervenciones totalmente divinas?

¿O algunos milagros comienzan con Dios y luego se completan a través de nosotros?

¡Todas ellas grandes preguntas! Y contienen trazos de la tensión entre el elemento humano y el elemento divino. La cultura y las Escrituras ven cada una de la pregunta del milagro de una manera un tanto distinta, así que veamos ambas durante un momento.

La Biblia nunca define por completo lo que quiere decir con "milagro". Sin embargo, si piensas en algunos de los relatos de milagros más comunes en las Escrituras (Moisés abriendo el mar Rojo o Jesús resucitando a Lázaro de los muertos, por ejemplo), puedes ver un tema común. El término *milagro* ahí se refiere a un acto sobrenatural mediante el cual Dios, el Creador del mundo natural, interviene y altera temporalmente el orden natural que Él estableció. Si no crees que un Creador inteligente hizo que existiera el universo, entonces no puedes creer en este tipo de milagro. A fin de cuentas, si las leyes naturales son preexistentes y no tienen Creador, entonces no hay fuerza que pueda interrumpirlas. Sin embargo, si crees que hay un Dios con el poder para *crear* montañas, entonces debes creer necesariamente que Él también tienen el poder de *mover* dichas montañas, ¿verdad? Y así es como Dios actúa sobrenaturalmente en el mundo, involucrándose y, para el beneficio de sus hijos, alterando el orden natural de las cosas en ocasiones concretas.

Si crees que hay un Dios con el poder para crear montañas, entonces debes creer necesariamente que Él también tienen el poder de mover dichas montañas, ¿verdad? Y así es como Dios actúa sobrenaturalmente en el mundo.

Por supuesto, no es así necesariamente como la cultura define el término. Nosotros usamos la palabra *milagro* para referirnos a casi cualquier situación que sea una combinación de felicidad, emoción, sorpresa e imprevisto. Por eso la palabra *milagro* se aplicó universalmente a un partido concreto de hockey. Si ves la palabra *milagro* en las Escrituras, alguien probablemente caminó sobre el agua o fue sanado de la lepra. Si la oyes en la calle hoy día, puede significar tan solo alguien que encontró un buen lugar de estacionamiento. Parece existir una brecha muy amplia entre la idea bíblica y la idea de nuestra cultura, pero yo no estoy convencido de que verdaderamente exista una brecha. ¿Por qué no podría Dios bendecirnos con un buen lugar para estacionar? Si estamos tirados en el arcén de una carretera aparentemente abandonada y un peatón amigable aparece de la nada y nos ayuda a cambiar un neumático pinchado, ¿por qué no podría ser eso Dios obrando a través de alguien para llevar una bendición a nuestra vida?

A fin de cuentas, las Escrituras dicen claramente: "Toda buena dádiva y todo don perfecto descienden de lo alto, donde está el Padre que creó las lumbreras celestes, y que no cambia como los astros ni se mueve como las sombras" (Santiago 1:17). Jesús mismo declaró: "Pues si ustedes, aun siendo malos, saben dar cosas buenas a sus hijos, ¡cuánto más su Padre que está en el cielo dará cosas buenas a los que le pidan!" (Mateo 7:11). Estos pasajes me llenan de calidez, porque me enseñan que hay un Padre todopoderoso que me conoce, que me ama y que derrama sus bendiciones adrede sobre mí. Esa seguridad, combinada con una mentalidad de milagro, me permite ver la obra de Dios en mi vida y a través de mi vida ¡de un millón de formas distintas! Él puede mover montañas para bendecirme, y lo ha hecho. O podría llegar mediante la mano de un amigo, y ciertamente también lo ha hecho.

Estoy convencido de que hay una primera causa, Dios, y de que Él a menudo elige hacer milagros a través de segundas causas (otras personas). Y si creo esto, entonces tengo que creer que Él quiere usarme para convertirme en una "segunda causa" para otros.

Me gusta esta definición de la palabra *milagro*, encontrada en el diccionario *Easton's Bible Dictionary*, así como en otras fuentes:

La sencilla y gran verdad de que el universo no está bajo el control exclusivo de las fuerzas físicas, sino que en todo lugar y siempre hay por encima, separado y superior a todas ellas, una voluntad personal infinita, no reemplazando, sino dirigiendo y controlando todas las causas físicas, actuando con o sin ellas. Dios efectúa de manera habitual su propósito a través de la agencia de segundas causas; pero también tiene el poder de llevar a cabo su propósito de manera inmediata y sin la intervención de segundas causas, por ej., de invadir el orden fijado, y así hacer milagros. Por lo tanto, afirmamos la posibilidad de los milagros, la posibilidad de una mano superior que interviene para controlar o revertir los movimientos ordinarios de la naturaleza.

Estoy convencido de que hay una primera causa, Dios, y de que Él a menudo elige hacer milagros a través de segundas causas (otras personas). Y si creo esto, entonces tengo que creer que Él quiere usarme para convertirme en una "segunda causa" para otros. Así es como Él me usa para hacer milagros.

Milagros de innovación

El filósofo francés del siglo XVIII Voltaire dijo: "Si por milagro usted se refiere a un efecto del que no puede percibir la causa, en ese sentido todo es un milagro". De hecho, hay una clara progresión de lo desconocido a lo conocido que yo enseño en mis seminarios. Primero viene la ficción; después viene el entendimiento teórico de los principios reales que hay debajo de la ficción; y finalmente está la manifestación física de lo que se solía ver como una mera fantasía. Los milagros en los que participamos siempre comienzan como ideas, creencias, esperanzas, sueños, discursos, discusiones, sesiones maestras, visiones, conceptos, innovaciones, o incluso como problemas.

En 1875, todos los periódicos en los Estados Unidos sentían pánico porque el país se estaba quedando sin aceite de ballena. Dos socios, John D. Rockefeller y Henry M. Flagler, descubrieron cómo construir una refinería de aceite mejor y más rentable. El tiempo y la innovación fueron, me atrevo a decir, ¡un milagro! El primer automóvil impulsado por gasolina debutó tan solo once años después, lo cual disparó el crecimiento explosivo de la industria del automóvil, completa con miles de autos nuevos con una preciosa necesidad de aceite y gasolina. Eso, sumado a la invención y el rápido crecimiento de los aviones a comienzos del siglo XX, transformó la caótica y pequeña empresa de aceite de Rockefeller en una industria de un trillón de dólares que literalmente mueve el mundo según lo conocemos hoy.

Hace varios años, tuve el honor de compartir la plataforma con otro visionario, Jay Walker. Jay es el inventor empresarial y empresario más conocido de los Estados Unidos. Cuando le conocí, acababa de estar en la portada de la revista *Forbes*, la cual le denominaba el siguiente Thomas Edison. Jay es un maestro materializando las ideas. Ha creado grandes empresas que están cambiando el mundo con lo que algunas personas llamarían "de la nada". Fue galardonado con la primera patente invisible por su creación de priceline.com, un servicio que encontró la forma de vender los asientos vacíos de los vuelos justo antes de despegar por un gran valor. Era una situación favorable para ambas partes, tanto para Priceline como para las aerolíneas, porque convertía los asientos muertos en una enorme fuente de beneficio para ambos. Eso es lo que hace Jay; convierte ideas en verdaderas empresas. Jay ahora tiene más de 719 patentes de utilidad y tiene la distinción de ser la undécima persona con más patentes en vida. Jay Walker es un hombre idea, y por eso, es también un hombre milagro.

Julio Verne es quizá uno de mis favoritos visionarios creadores de milagros. Él convirtió grandes ideas en sus novelas en el siglo XIX. Prácticamente todas las cosas que se imaginaba se habrían considerado un milagro en ese tiempo si hubieran existido. Verne escribió acerca de cosas "absurdas", como aviones tripulados, exploraciones bajo el agua en el fondo del mar y hombres aterrizando en la luna. Todas estas cosas eran sueños imposibles que, quizá porque Julio Verne implantó las ideas en la conciencia colectiva del mundo, de algún modo se hicieron realidad en los ciento cincuenta años siguientes.

Todos estos son ejemplos de lo que yo llamo "milagros de innovación". Comenzaron con una simple idea y pasión, y los resultados fueron invenciones o industrias que literalmente cambiaron el mundo. Ahora bien, ¿son estas cosas milagros genuinos? ¡Sí! Recuerda: Dios puede escoger usar "segundas causas" para hacer cosas poderosas en el mundo. Él podría haber creado un aeroplano de la nada y haberlo dejado en el jardín del Edén con Adán y Eva, pero en cambio escogió inspirar a hombres para llevar a cabo esa maravillosa creación al mundo. Solo porque las mentes humanas lo soñaron y las manos humanas lo construyeron no significa que no sea un milagro. Creo que verdaderamente estamos en nuestro mejor momento cuando trabajamos en cooperación con el Creador, permitiéndole obrar en nosotros y a través de nosotros para llevar cosas nuevas y sorprendentes al mundo. Eso puede provocar un cambio en el curso de la historia, o simplemente puede cambiar el curso del día de alguien. Cuando estemos en ese constante estado de cooperación con Dios, cuando permitamos que la mentalidad de milagro guíe nuestras acciones, los milagros llegarán en todas sus formas y tamaños; pero todos son importantes.

Segundo rollo milagro

Yo soy uno de los mayores milagros de Dios

Yo soy uno de los mayores milagros de Dios.

Dios me hizo a su imagen y semejanza (Génesis 1:27).

Dios creó los cielos y la tierra.

Dios me creó a mí para crear.

Soy libre para crear milagros.

Muchos de los hombres y las mujeres de la Biblia

crearon milagros.

La Fuente de los milagros es la misma ayer,

hoy y por los siglos.

Los milagros son mi herencia y mi destino.

El destino de Dios para mí es crear milagros.

Yo soy y siempre seré uno de

los mayores milagros de Dios.

3

Dios hace milagros

¿**Q**ué debían de haber estado pensando los israelitas? ¿Te imaginas lo que pasaría por sus mentes mientras veían las aguas del mar Rojo, un obstáculo aparentemente infranqueable, alzarse en el aire para abrir un camino seco de tierra? Esta es una de las historias más conocidas de toda la Biblia. Al margen de que fueras criado o no en la iglesia, sin duda que habrás oído esta historia muchas veces desde tus primeros recuerdos o incluso la habrás visto reflejada en películas o el arte.

Dios dividiendo las aguas se ha convertido en una imagen icónica, una de la que casi todos han oído hablar. Y honestamente, ese tipo de exposición puede ser un problema. Verás, cuando un milagro de esa magnitud recibe ese tipo de exposición durante tanto tiempo, comenzamos a perder de vista el asombro y la maravilla del mismo. Es como si la historia misma se hubiera convertido en una caricatura de lo milagroso, y eso es algo trágico.

El poder que abrió el mar Rojo es el mismo poder que actúa en el mundo hoy. Es el mismo poder que obra milagros en nosotros y a través de nosotros, sin importar lo importantes (o insignificantes) que parezcan en ese momento.

He pasado tiempo en las ciudades más grandes del mundo, caminando por algunas de las aceras más concurridas. He mirado hacia arriba desde esas aceras incontables veces para admirar los enormes edificios a mi derecha y a mi izquierda. Me he quedado asombrado de lo que debió de haber supuesto construir esas torres tan increíbles que desde la perspectiva del nivel de calle parecen alcanzar las nubes. Quizá tú puedas visualizar eso: estar de pie en una acera concurrida de Nueva York con algunos de los edificios más altos del mundo a cada lado. Ahora, solo durante un momento, imagínate que esos muros intimidantes no estuvieran hechos de piedra, cemento y cristal, sino de agua. En vez de mirar a través de los cristales y ver a la gente caminando por dentro, vieras bandos de peces nadando o quizá una ballena mirándote.

Así que otra vez te pregunto: ¿Qué debieron de haber pensado los israelitas mientras veían esas aguas alzarse? ¿Qué tipo de fe se hubiera requerido para adentrarse en ese camino con una pared de agua a cada lado? ¡Quédate con esa imagen! No debemos nunca, *nunca*, perder el profundo asombro y la majestad de lo milagroso en nuestras vidas. A lo largo de este libro principalmente hablaré de los milagros pequeños y a veces hasta desapercibidos que se producen en el trascurso de nuestras vidas cotidianas. Pero una y otra vez te retaré a que pongas esos "pequeños" milagros en su contexto más grande. Dios obra de formas enormes, sobrenaturales, innegables. El poder que abrió el mar Rojo es el mismo poder que actúa en el mundo hoy. Es el mismo poder que obra milagros en nosotros y a través de nosotros, sin importar lo importantes (o insignificantes) que parezcan en ese momento. La verdad es que Dios sigue abriendo las aguas para cada uno de nosotros cada día, pero *cómo* lo hace cambia constantemente.

A veces Dios grita

Que Dios abriera el mar Rojo para Moisés y los israelitas es un ejemplo de lo que yo llamo Dios "gritando". Estos son los milagros que son muy grandes, notables, tan inequívocamente

obvios que no te queda otra opción que etiquetarlos como "milagros". Hemos dicho que un milagro se puede definir como Dios
adentrándose en las leyes universales que Él creó y alterando el
orden natural de las cosas para beneficio de sus hijos. No puede
haber duda de que abrir el mar Rojo es un ejemplo de este tipo
de milagro.

Una vez tras otra durante el éxodo de los israelitas, vemos
a Dios lanzando sutilmente al viento y moviéndose de formas
grandes y obvias (ranas y moscas y langostas, ¡vaya!). ¿Por qué?
Quizá los asustados israelitas necesitaban ese tipo de señal del
cielo. Ellos habían sufrido pobreza y esclavitud durante cuarenta
años. Solo tenían un Dios olvidado. Y ahora, cuando el Señor
les libraba de la esclavitud para entrar en una tierra nueva que
Él había preparado para ellos, quizá quería dejarles claro que el
Dios al que habían olvidado no solo estaba con ellos, sino que
también estaba dispuesto a cambiar el curso de la naturaleza
para beneficio de ellos. Sus derrotados espíritus necesitaban una
gran señal, por eso Dios gritó.

A veces Dios habla

Claro, Dios no siempre grita. A veces, simplemente habla casual-
mente en los encuentros comunes que tenemos con las personas
cada día. Por ejemplo, me encanta leer acerca de los milagros de
sanidad de Jesús en la Biblia. Qué manera tan perfecta de ilustrar

la intersección del poder divino y la debilidad humana. En el libro de Lucas, vemos a Jesús caminando hacia Jericó de camino a Jerusalén. Al acercarse a la ciudad, se encontró con un mendigo sentado junto al camino. Cuando el mendigo le llamó, Jesús se detuvo. El hombre captó su atención. No pierdas la importancia de esto. Jesús iba de camino a Jerusalén. Sus días estaban contados. Iba literalmente hacia su muerte en la cruz, pero aquí, un desconocido pobre y enfermo le llamó, y la Biblia dice que "Jesús se detuvo" y le preguntó: "¿Qué quieres que haga por ti?" (Lucas 18:40-41). ¡Solo ese tipo de atención personal para mí es algo milagroso!

El hombre hizo una simple petición: Quería ver. Y sin dudarlo, a vista y oídos de toda la multitud que le rodeaba, Jesús dijo: "¡Recibe la vista! Tu fe te ha sanado" (Lucas 18:42). De inmediato, la luz entró en los ojos del hombre por primera vez. Las formas comenzaron a enfocarse. Pudo ver los rostros de la gente que le había estado gritando para que se callase momentos antes. Pudo ver el asombro total de sus rostros al darse cuenta de que habían presenciado una poderosa, impresionante y milagrosa sanidad.

A veces Dios susurra

Mi esposa Crystal y yo tenemos una amiga que experimentó un "milagro de susurro" de una forma impresionante. Lynne Twist es una fabulosa oradora y autora del libro *The Soul of Money*. Ella recaudó personalmente más de 200 millones de dólares para The Hunger Project, una organización sin ánimo de lucro global dedicada a poner fin al hambre en el mundo. Como directora de los esfuerzos de recaudación del proyecto, los jefes tribales invitaron a Lynne a Sierra Leona en África debido a una gran sequía. Cuando Lynne llegó, los jefes pidieron 250 mil dólares para construir un pozo.

Lynne sintió un espíritu raro en ese lugar y acerca de los hombres con los que estaba hablando, así que pidió hablar con las mujeres de la tribu. Los jefes reaccionaron con una actitud muy machista. Respondieron: "¿Y ellas qué van a saber? ¡Son mujeres!". Ella insistió, no obstante, y finalmente le dieron una audiencia con las mujeres de la comunidad.

Mientras Lynne hablaba personalmente con cada una de las mujeres, se quedó impactada por la historia que le contaban. Una mujer le dijo a Lynne que tuvo un sueño en el que encontraba agua en un lugar específico de la aldea, a menos de siete metros de profundidad. Lynne habló con otra mujer y oyó exactamente lo mismo. Luego otra. Y otra. Lynne y las mujeres de la tribu se dieron cuenta de que cada mujer presente había experimentado exactamente el mismo sueño, encontrando agua en un lugar específico.

Lynne regresó con los jefes y les dijo que sí les daría el dinero para cavar un pozo, pero solo si cavaban en el lugar exacto del sueño de las mujeres. Estaba convencida en su espíritu de que algo milagroso estaba ocurriendo. Los hombres se burlaron de Lynne y de las otras mujeres. Rehusaron cavar ellos mismos, y pidieron que las mujeres lo hicieran. Y como un insulto más, los hombres solo permitirían que las mujeres cavaran usando cucharas.

Decidida, Lynne y las mujeres de la tribu comenzaron a cavar con cucharas en el lugar con el que todas habían soñado. Tardaron tres días en cavar hasta la marca de siete metros, pero ¿sabes qué ocurrió cuando llegaron ahí? ¡Sí! ¡Estas mujeres dieron con el géiser más grande de África!

Dios podía haber gritado revelando el géiser a través de un poderoso terremoto. Podía haber hablado haciendo que surgiera a la superficie aparentemente de la nada un día. Pero esta vez, eligió susurrar a través de los sueños de los miembros más subestimados e ignorados de la comunidad. Él actúa de las tres formas, y cada una de ellas es milagrosa.

Posibilidades milagrosas

A medida que nos acercamos al final de la primera sección de este libro, oro para que tus ojos sean abiertos a la posibilidad de los milagros. La Biblia ciertamente está llena de historias asombrosos de Dios actuando en el mundo, pero no debemos permitirnos caer en la creencia de que los milagros *solo* suceden en las páginas de la Palabra de Dios. Hacer eso roba a los pasajes de milagros una de sus mayores funciones. Verás, debemos ver estos pasajes no como *historias*, sino como *ejemplos*. La Biblia nos muestra cómo Dios ha actuando en el mundo del pasado para que aprendamos a ver cómo está actuando en el mundo que nos rodea en la actualidad.

No debemos permitirnos caer en la creencia de que los milagros *solo* suceden en las páginas de la Palabra de Dios. Hacer eso roba a los pasajes de milagros una de sus mayores funciones. Verás, debemos ver estos pasajes no como *historias*, sino como *ejemplos*.

En el prólogo de este libro, mi amigo Ben Carson escribió: "Ya sea que uno crea o no en los milagros es irrelevante. Estos suceden los reconozcamos o no". ¡Qué cierto! Que tú dudes de los milagros no los retrasa, así como tu duda acerca de un río no hace que el cauce de este se detenga. Sin embargo, si quieres participar plenamente del proceso de creación de milagros, tienes que aceptar que Dios no solo hace milagros, sino que los hace en *tu vida* así como Él hizo en las vidas de muchos en los tiempos bíblicos.

Tercer rollo milagro

Tengo mentalidad de milagro

Los milagros son divertidos de crear porque tengo
una mentalidad de milagro.

Me he fijado el objetivo de crear milagros.

Hoy y cada día puedo crear milagros emocionantes.

Tengo planes de crear más y más milagros.

Desde antes de mi nacimiento Dios planeó crear
milagros en mí y a través de mí.

Estoy leyendo esto y recordando la promesa que Él
me hizo incluso antes de que yo naciera.

PARTE II

Ver el milagro

4

Enfocarse en los milagros

Mi amigo Mick Hall una vez me contó una experiencia aterradora casi fatal que tuvo cuando tenía trece años. Al haberse criado en una granja familiar, el joven Mick estaba acostumbrado al trabajo duro. A Mick le habían enseñado cómo conducir la excavadora familiar Caterpillar D-6 de 1932. Ese día, su trabajo era cortar algunos árboles para el aserradero. Por eso Mick se subió al asiento del Cat con sus herramientas en la mano, sin prestar atención a la costosa motosierra que había junto a él en el asiento de al lado. Mick encendió el motor del gigante Cat, el cual comenzó a rugir. Cuando metió la marcha y soltó el embrague principal, cosa que requería sus dos manos y toda su fuerza, la excavadora se movió a trompicones hacia atrás violentamente. Lo que ocurrió después debió de durar quizá solo unos segundos, pero Mick recuerda y cuenta la historia cincuenta años después con total claridad.

Los milagros no solo existen, sino que suceden tanto *en* ti como *a través* de ti. La forma que toma el milagro puede ser sobrenaturalmente obvia y asombrosa. O puede pasar inadvertida por completo.

Cuando el Cat dio los trompicones, la motosierra saltó por los aires. De inmediato Mick pensó que si la motosierra caía detrás de la excavadora, quedaría aplastada debajo de las ocho toneladas de las bandas de rodadura de metal. Sin pensarlo dos veces, Mick se echó hacia atrás para echar mano a la motosierra, lo cual le hizo perder el equilibrio. Al caerse directamente debajo de la excavadora, justo en el camino de esas peligrosas bandas de rodadura, Mick dice que su vida pasó en un instante por delante de sus ojos. Su corazón se le subió a la garganta, su pulso se aceleró más que nunca, y el sudor corría por su frente y su cuerpo. También oyó el inconfundible sonido de su ser

interior, su corazón y su mente, pidiéndole a Dios que interce-
diera. Entonces, cuando Mike cayó al suelo, justo mientras se
acercaban las poderosas bandas de rodadura de una excavadora
fuera de control, todo se detuvo. ¡Sus oraciones habían sido con-
testadas! Mick cree que de algún modo, como resultado de sus
desesperadas oraciones, Dios hizo un milagro para salvarle la
vida.

Al meditar en ese día muchos años después Mick dijo:
"Esto es lo que pensé: No morí aplastado. Salí lastimado, pero
eso se me curó. No volvería a cometer ese error de nuevo. La
motosierra seguía funcionando para cortar árboles, no rompí
la Cat, y no tuve que decirles a mis padres lo tonto que fui. Si
se lo hubiera contado, me habrían matado, ¡e intentar evitar la
muerte dos veces en un día hubiera sido demasiado para mí! Me
quedé callado y no se lo conté a nadie hasta ahora, cincuenta
años después". En cuanto a la forma del milagro, Mick dijo: "Mi
bota izquierda debió de haber tocado el embrague y apagarlo
mientras caía hacia mi deceso, gracias a la oración sincera que
hice pidiendo una intervención divina inmediata.

Hacer del pensamiento una realidad

La historia de Mick trae a mi mente un punto importante en la
discusión sobre los milagros. Una y otra vez en este libro, hablo
de lo que yo llamo la mentalidad de milagro. Esa es la creencia

intencional, voluntaria, de que los milagros no solo existen, sino que suceden tanto en *ti* como *a través* de ti. La forma que toma el milagro puede ser sobrenaturalmente obvia y asombrosa. O puede pasar inadvertida por completo y parecer más un golpe de suerte. Para los que tenemos una mentalidad de milagro, un golpe de suerte no es una opción. Aceptamos el hecho de que los milagros llegan en todas las formas y tamaños. Por eso, con esa mentalidad firmemente arraigada, veamos cómo nutrir y alimentar la mentalidad de milagro en tu mente y espíritu. Hay, creo yo, dos maneras de hacer de esto una realidad: oración y enfoque.

En la Biblia, el libro de Marcos nos muestra una asombrosa afirmación de este principio en las palabras y acciones de Jesús. Cuando Jesús y sus discípulos se dirigían hacia Jerusalén, Él se acercó a una higuera para ver si tenía fruto. Al encontrarla sin fruto, le dijo al árbol: "¡Nadie vuelva jamás a comer fruto de ti!" (Marcos 11:14). El pasaje también deja claro que dijo esto en voz alta para que los discípulos lo oyeran.

A la mañana siguiente, cuando Jesús y los discípulos se iban de Jerusalén, pasaron de nuevo por la higuera que Jesús había maldecido. El pasaje continúa: "Por la mañana, al pasar junto a la higuera, vieron que se había secado de raíz. Pedro, acordándose, le dijo a Jesús: —¡Rabí, mira, se ha secado la higuera que maldijiste!" (Marcos 11:20-21). A menudo me pregunto: ¿Por qué estaba Pedro tan impresionado? A fin de cuentas, él había caminado con Jesús, el verdadero Hacedor de milagros. Pedro había visto a Jesús hacer milagros asombrosos, pero aún parecía estar completamente sorprendido con la higuera seca.

La respuesta de Jesús a su perplejo amigo es especialmente significativa para nosotros que buscamos expandir nuestra mentalidad de milagros:

"Tengan fe en Dios —respondió Jesús—. Les aseguro que si alguno le dice a este monte: 'Quítate de ahí y tírate al mar', creyendo, sin abrigar la menor duda de que lo que dice sucederá, lo obtendrá. Por eso les digo: Crean que ya han recibido todo lo que estén pidiendo en oración, y lo obtendrán" (Marcos 11:22-24).

Este es un poderoso testimonio de la estrecha conexión entre nuestra fe y nuestras oraciones. Por supuesto, Jesús no está diciendo que podamos decir que aparezca cualquier capricho. El punto no es convertir a Dios en algún tipo de genio mágico que está siempre de guardia para conceder todo deseo y obedecer todas nuestras órdenes. Creo que Jesús simplemente está poniendo en otras palabras para sus compañeros la discusión acerca de oración/fe/milagro. De algún modo, ellos estaban más cómodos con la idea de un Salvador que podía sanar a los enfermos, dar la vista a los ciegos y caminar sobre el agua que con un Salvador que podía llevar lo milagroso a lo cotidiano, algo tan simple como hacer que se seque una higuera. En esta escena, les recordó que, en oración, todos tenemos acceso al poder supremo del universo, y ese poder es una Persona que quiere invadir cada parte de nuestra vida: grande y pequeña. Esas invasiones se llaman milagros.

Cuando enfocamos nuestros pensamientos y oraciones en algo, no deberíamos sorprendernos, como les pasó a los discípulos, al ver que se producen milagros. Respecto a este tipo de experiencia, Bob Proctor dice: "La oración es el movimiento que se produce entre el espíritu y forma con usted y a través de usted". Del mismo modo, Andrew Carnegie una vez dijo: "Cualquier idea mantenida en la mente, que se enfatice, que se tema o reverencie, comenzará de repente a vestirse de la forma disponible más conveniente y apropiada". Es decir, aquello en lo que enfocamos nuestros pensamientos y oraciones tiene una forma milagrosa de convertirse en realidad. No solo debemos *reconocer* esta verdad, sino *aceptarla* también.

El poder del enfoque

Esa frase de Andrew Carnegie se ha arraigado muy dentro de mi espíritu. "Cualquier idea mantenida en la mente… comenzará de repente a vestirse de la forma disponible más conveniente y apropiada". Recuerdo cuando Jack Canfield y yo nos estábamos preparando para lanzar el primer libro de *Caldo de Pollo para el Alma*. Muchas editoriales nos habían rechazado, pero lo seguimos intentando. Yo mantuve un enfoque de láser en mi objetivo, que era hacer que el libro fuera un best seller. Para ayudarme a precisar más mi objetivo, me enfoqué en uno de nuestros entrevistados, el Dr. Scott Peck, autor de *The Road Less Traveled*, un best seller del *New York Times* durante doce años completos.

Aquello en lo que enfocamos nuestros pensamientos y oraciones tiene una forma milagrosa de convertirse en realidad. No solo debemos *reconocer* esta verdad, sino *aceptarla* también.

Conseguí un ejemplar del *New York Times* dominical de esa semana y borré con corrector *The Road Less Traveled* de las lista de best sellers. Después escribí *"Caldo de Pollo para el alma* por Mark Victor Hansen y Jack Canfield" en su lugar. Hice eso con cuatro ejemplares de papel, y luego corté las listas de los best sellers con mi modificación. Puse una de las listas "modificadas" en el espejo de mi oficina para que todos en la plantilla y los visitantes lo vieran. Puse otra en el espejo que había enfrente de la oficina de Jack, uno en mi casa para que lo vieran mi esposa y mis hijos, y la última en casa de Jack.

¿El resultado? Funcionó. Nuestro libro se convirtió en un best seller clásico. Nos apropiamos de ese objetivo enfocando nuestros pensamientos en él. Mantuvimos el objetivo delante y como el centro durante más de un año, y luego llegó el éxito. Me acordé de lo que mi profesor de oratoria, Cavett Robert me había dicho muchos años atrás: "Cuando sabes lo que quieres, lo tendrás tan rápido que te sorprenderá". No tienes que saber *cómo* funciona esto; tan solo tienes que saber que *sí* funciona.

Orar por milagros

Mientras me enfocaba en conseguir que el libro fuera un best seller, no solo *pensaba* en ello; ¡oré por ello todo el tiempo! Hablé con Dios sobre lo que estábamos haciendo, lo que queríamos que ocurriera, lo que me preocupaba, y lo que más me emocionaba. Oré por los obstáculos y las oportunidades. Le dije a Dios sin vergüenza alguna que quería que ese libro fuera un número uno. Algunas personas se sienten incómodas con eso. Actúan como si Dios no quisiera escuchar de nuestras pasiones y metas. ¡Nada podría estar más lejos de la realidad! Mateo 7:11 afirma que a nuestro Padre celestial le encanta dar buenos regalos a sus hijos. El Salmo 37:4 dice: "Deléitate en el Señor, y él te concederá los deseos de tu corazón". Dios oye nuestras oraciones, y esas oraciones en fe pueden destapar milagros increíbles.

Tiffanie Rudgley y Cheree Swan ciertamente creen que esto es cierto. Tras haber visto a su hija pasar por unos graves problemas de salud siendo niña, Cheree sintió un profundo llamado en su vida a ayudar a otras familias con problemas médicos. Tras años de pensar y orar, Cheree decidió hacerse donante de riñón. Ella no tenía ningún donante en concreto en mente, así que realizó las pruebas requeridas y le añadieron a la lista nacional de donantes. En ese momento, no había nada que pudiera hacer sino esperar a que Dios enviara a la persona que Él había seleccionado para recibir el regalo que le salvaría la vida. Tras un año de oración, finalmente Cheree recibió la llamada de que habían encontrado un paciente, y todo comenzó. Sin embargo, debido a circunstancias que escapaban a su control, el trasplante no siguió adelante. Cheree se quedó destrozada cuando supo que tenía que seguir esperando a que surgiera un nuevo receptor para el regalo que ella tenía tantas ganas de hacer.

Poco después, Cheree asistió a un estudio bíblico para mujeres nuevas y un grupo de oración en una iglesia local tras recibir la invitación de una amiga. Ella mencionó en el grupo que era donante registrada de riñón y que sus planes para la donación habían fracasado recientemente. Ella y el grupo oraron juntas, pidiéndole a Dios que apareciera pronto el receptor que Él había escogido para este regalo.

La señora que estaba sentada junto a ella, Tiffanie Rudgley, había sentido carga por una urgente petición de oración que había tenido durante semanas. El esposo de Tiffanie, Shance, estaba lidiando con una enfermedad renal en su etapa final. Había estado en diálisis durante más de un año y necesitaba desesperadamente un trasplante de riñón. La familia de Tiffanie había estado orando durante toda esta dura experiencia para que apareciera un buen emparejamiento en la lista de donantes, pero pasaban los meses y no llegaba la esperada llamada. El tiempo se estaba agotando.

Así que ahí estaban estas dos mujeres que no se conocían. Ambas asistían por primera vez al estudio bíblico. Ambas habían estado orando diariamente para que Dios respondiera sus oraciones, que les diera los anhelos profundos de su corazón. Ambas tenían una urgente necesidad, una donar un riñón, y la otra encontrar un riñón. ¿Sabes lo que ocurrió después?

¡Sí! Las mujeres comenzaron a hablar y enseguida Cheree recibió unas pruebas para ver si era un buen emparejamiento para el esposo de Tiffanie. El resultado: ¡emparejamiento perfecto! De las más de noventa y ocho mil personas de la lista de donantes de riñón, el donante perfecto sencillamente había caminado por la calle hasta sentarse junto a Tiffanie en un estudio bíblico de mujeres. A pesar de la abrumadora evidencia, supongo que hay algunos que a esto lo llaman coincidencia, pero tú y yo pensamos otra cosa. Esto fue un milagro en su estado más puro, el resultado directo de Dios respondiendo a las oraciones fervientes de sus hijos.

Dirige tu mente hacia los milagros

El poder de la oración y el enfoque no pueden en modo alguno minimizarse. El lugar donde enfocas tus pensamientos dirige todo el curso de tu vida, y por lo tanto, tu futuro. Y esto es clave: puedes controlar cuál es tu enfoque. Por supuesto, no puedes controlar lo que llega a tu mente, pero sin duda alguna puedes controlar lo que haces con ello una vez que está ahí. Como bien dijo Martín Lutero: "No puedes impedir que los pájaros vuelen sobre tu cabeza, ¡pero puedes impedir que hagan nidos sobre tu pelo!".

¿Alguna vez te has dado cuenta de que si te despiertas enojado por alguna razón, todo lo que ocurre ese día te enoja? Pero si te despiertas sintiéndote positivo y te aferras a ese pensamiento, las cosas parecen irte bien ese día. ¿Qué ha cambiado? Podrías tener exactamente las mismas experiencias con resultados totalmente distintos. Es el estado de tu mente, y no tus circunstancias, lo que dicta si será un día bueno o malo. Así que este es mi reto para ti: toma el control de tus pensamientos y oraciones y enfócalos hacia resultados positivos durante treinta y un días. Si obstinadamente sostienes esa postura positiva y esperanzadora durante treinta y un días seguidos, puedes estar bastante cargado para la vida como una persona positiva, optimista y alegre que consigue resultados. Sí, es necesaria la disciplina para llegar a los treinta y un días, y no siempre será fácil reprogramar tu mente. Pero, amigo mío, ¡merece totalmente la pena intentarlo! ¡Tu vida será milagrosa!

Cuarto rollo milagro

Yo soy un milagro único

Soy un milagro único, como ningún otro; jamás.

Mi alma es un milagro.

Mi mente es un milagro pensante.

Mi cerebro es un milagro de inventario.

Mis emociones son un milagro de guía.

Mis ojos son un milagro. Mis oídos son un milagro.

Mis manos son un milagro. Mi boca es un milagro.

Mi piel es un milagro. Mi cuerpo es un milagro.

Mi caminar es un milagro. Mi hablar es un milagro.

Mi pensamiento es un milagro. Mi capacidad de ser
es un milagro.

Mi capacidad de hacer es un milagro.

Mi capacidad de tener es un milagro.

Mi capacidad de servir grandemente es un milagro.

Mi capacidad de amar es un milagro.

5

Buscar milagros

Si me preguntaras cuál fue el milagro más grande de mi vida, podría resumirlo fácilmente en una palabra: Crystal. Verás, yo soy *más* que un hombre felizmente casado; soy un hombre *gozosamente* casado. Me doy cuenta de que no todos pueden decir esto. Mi esposa, Crystal, y yo tenemos lo que yo llamo una "relación de llamas gemelas". Las llamas gemelas se reflejan la una a la otra de forma positiva y correcta en una armonía casi perfecta. Experimentan y expresan un destino juntos agradable y divino. Desean estar, hacer y tener tanto o más para su pareja que para sí mismos. Piensan y actúan igual de muchas maneras, y sin embargo son fuertes donde el otro es débil. La relación de llama gemela es una en la que sus cualidades individuales complementan y completan su círculo de amor. Y así como cuando dos llamas se juntan en una, las llamas gemelas entienden que al unirse, la unión de su llama brilla más y con más intensidad de lo que lo hacen por separado. Lo que compartimos es verdaderamente un milagro que se renueva cada mañana.

Una oración milagrosa muy específica

Hubo un tiempo en que no pensaba que fuera posible un matrimonio tan milagroso. Pasé por una etapa de dolor y depresión ligera después del doloroso final de mi primer matrimonio. Incluso con muchos amigos a mi alrededor, me sentía aterradoramente solo al no tener ya un matrimonio. Me di cuenta de que estar casado con una verdadera alma gemela había sido una alta prioridad durante toda mi vida, pero mi fallido matrimonio había ensombrecido mi corazón. Con mucha oración, volvía continuamente al pensamiento que Dios había puesto en mi corazón hacía mucho tiempo, de que mi alma gemela aún estaba por algún lugar, y que la encontraría. Comencé a soñar con la mujer perfecta y a enfocarme intencionalmente en las cualidades exactas y los resultados que más deseaba. Me senté y escribí una lista detallada de 267 cualidades y características que deseaba en mi futura alma gemela. Oraba por esa lista incesantemente, siempre pidiéndole a Dios que me mostrase si tenía que añadir o quitar algo de la "lista soñada". Compartí la lista con mis amigos más íntimos y compañeros de oración, pero con nadie más. Encontrar la mujer que estaba describiendo parecía algo al borde de lo imposible, pero me aferré a la promesa que Dios había impreso en mí. Sabía que ella estaba por algún lugar, y que a su tiempo, la encontraría.

Poco tiempo después, estaba hablando en una conferencia de aspirantes a escritores en Los Ángeles. Desde la plataforma, vi claramente el espíritu radiante de una mujer en medio de la audiencia. Me sentí muy atraído a lo que vi. Ella causó una dinámica, duradera e irresistible primera impresión en mí. Después de mi charla, mientras saludada a lo que parecía un río interminable de entusiastas escritores en la recepción VIP, esta hermosa señorita volvió a captar mi atención. Me habían dicho que se llamaba Crystal y que estaba sola en la conferencia. Tenía muchas ganas de hablar con ella, pero no había forma de atravesar cortésmente toda la fila de gente que se había alineado para hablar conmigo. Calladamente oré pidiendo un milagro; ¡y Dios respondió! Al otro lado de la sala, para mi deleite, vi a otro asistente mover su mano y verter inadvertidamente un vaso lleno de vino tinto, empapando los pantalones blancos de Crystal. ¡Fue un lío milagroso y hermoso!

Me apresuré a llegar junto a Crystal y ofrecerle mi ayuda. Como había hablado en ese hotel concreto varias veces, sabía cómo cruzar el salón de baile y llegar a la cocina. La acompañé hasta allí para que le dieran agua carbonatada a fin de que la usara para limpiar sus pantalones terriblemente manchados. Mientras hablábamos, le pregunté si quería seguir la conversación durante la cena. Ella accedió, y comenzamos un asombroso noviazgo.

Con mucha oración, volvía continuamente al pensamiento que Dios había puesto en mi corazón hacía mucho tiempo, de que mi alma gemela aún estaba por algún lugar, y que la encontraría.

Al principio pensaba que este milagro se estaba desplegando solo en mi vida, pero pronto descubrí que nuestra relación era una respuesta a la oración también en la vida de Crystal, ya que ella también estaba luchando con un matrimonio fallido y tenía roto el corazón. En sus propias palabras, este es el milagro que ella estaba experimentando:

Después de un día particularmente largo de arreglar muchos detalles para la finalización de mi divorcio, qué hacer con las propiedades, y preocupaciones acerca de los niños, los viajes a la universidad y cosas semejantes, me metí a la cama exhausta y me dormí. A altas horas de la madrugada me desperté de un sueño que era muy profundo y muy distinto a cualquier otro que hubiera tenido, que sabía que Dios estaba intentando comunicase conmigo.

En mi sueño, caminaba al lado de Mark en un hermoso lugar de retiro en las montañas. El sentimiento era que habíamos organizado una conferencia juntos transformadora de vidas, concluyendo el día con un tiempo de responder preguntas y reaccionar a comentarios de los asistentes. Cuando los dos regresábamos a nuestros cuartos, que estaban a ambos lados de un estrecho camino bajo el hermoso cielo estrellado, Mark y yo tuvimos un sentimiento de extrema urgencia y deseo de estar juntos a solas. Fue un sentimiento holístico de que necesitábamos juntarnos en el nivel más profundo de cuerpo, mente y espíritu. Ambos sentimos alivio cuando la última persona se fue y por fin nos quedamos solos bajo las estrellas.

Mientras miraba al cielo, vi una hermosa estrella rosa, la cual comenzó a acercarse hacia nosotros. Yo dije: "Mark, ¡mira!". A medida que la estrella se acercaba cada vez más, se hacía más y más grande hasta que estaba delante de nosotros, tocando el suelo, mayor que nosotros dos. Mark se echó para atrás, perplejo, así que me acerqué y tomé su mano y dije: "No temas. Tan solo mira en el centro. Está recabando información sobre nosotros, decidiendo que podemos influir la vida de muchas personas para bien". Y luego me desperté.

El sueño y todos los sentimiento y el entendimiento dentro de mí me conmovió profundamente. Seguí preguntándole a Dios qué significaba para mí y para este hombre con el que solo había compartido una comida. La respuesta llegó casi antes de preguntar. Parecía imposible que hubiera conocido a la persona con la que debería pasar el resto de mi vida. ¡Ni siquiera estaba planeando comenzar oficialmente a salir con alguien! Aunque sabía que tenía que guardar el orden que había planeado con mis hijos, tuve una honda convicción y certeza mientras oraba a Dios a lo largo de ese día, de que mi vida había cambiado permanentemente desde esa reunión, y que algo profundamente asombroso y especial se acercaba.

Cuando Mark y yo comenzamos a salir oficialmente ese otoño, aunque ambos teníamos nuestras cargas que soltar, una y otra vez Dios seguía confirmando a cada uno que habíamos encontrado a nuestra alma gemela. Nos comprometimos el uno con el otro y nos casamos dos años y medio después, cuando mis hijos se graduaron del instituto y se fueron a la universidad. Ambos estamos de acuerdo y decimos cada día que todo lo relacionado con que yo estuviera en ese evento, nuestra reunión, el sueño que nos mostró un trocito de nuestro asombroso futuro y todas las demás pequeñas cosas durante el camino, no fueron otra cosa que el amor divino de Dios interviniendo a favor nuestro, para ayudarnos a encontrar nuestro verdadero amor en la vida. No fue nada menos que un magnífico milagro. ¡Lo hermoso de todo esto es que estamos viviendo el milagro cada día!

Durante el curso de nuestro noviazgo, descubrí que esta asombrosa mujer fue escogida a mano por Dios para ser mi alma gemela. Ella no solo personificaba todas las cualidades por las que habíamos orado mis amigos y yo, ¡sino que era mucho más de lo que jamás podía haber soñado! Finalmente, bajo las majestuosas rocas rojas de Sedona, Arizona, nos casamos gozosamente.

Te cuento esta historia porque creo que demuestra un punto importante en nuestra discusión de los milagros. Y así es, los milagros nos suceden todos los días; sin embargo, ¡a menudo cerramos los ojos a los increíbles milagros diarios que componen una vida maravillosamente plena y hermosa! La visión que Dios puso en el corazón de mi alma gemela fue un milagro. Su consuelo, fortaleza y apoyo durante mi divorcio y recuperación fue un milagro. La lista de cualidades que me dio por las que orar fue un milagro. La esperanza ardiente del verdadero amor a pesar de mi profundo dolor y soledad fue un milagro. Que me invitaran a hablar a esa conferencia de escritores en Los Ángeles; verter una luz inequívoca sobre Crystal entre una gran multitud; incluso tirar un vaso de vino sin querer sobre sus pantalones… ¡Milagros!

Los milagros nos suceden todos los días; sin embargo, ¡a menudo cerramos los ojos a los increíbles milagros diarios que componen una vida maravillosamente plena y hermosa! La visión que Dios puso en el corazón de mi alma gemela fue un milagro.

Pero ¿qué habría ocurrido si yo hubiera ignorado cada pieza del rompecabezas que Él estaba armando? ¿Qué tal si no hubiera visto estas cosas a través de una mentalidad de milagro, sino que lo hubiera percibido como algo trivial, mera coincidencia u ocurrencias aleatorias? Tiemblo incluso de pensarlo. Mirando atrás a todo el transcurso de mi vida, veo un hilo interminable de milagros inequívocos que me llevan a los brazos de Crystal. Y gloria a Dios, fui capaz de pasar de un milagro al siguiente ¡a medida que Dios entretejía esta historia de amor!

Un milagro inspira otro

La vida de Matthew Ferry estaba increíblemente ocupada entre el matrimonio, criar a cuatro hijos, formar una nueva empresa, y todas las preocupaciones financieras que vienen con ella. No tenía tiempo de hacer lo que le encantaba hacer: componer música. Habían pasado años desde que grabó su último álbum, y aunque la idea de hacer otro estaba constantemente en su mente, meterla en su calendario parecía una tarea prácticamente imposible. Él recuerda:

Algunas canciones estaban viniéndome, pero ya estaba listo para la siguiente. *Necesito un milagro*, pensé para mí. No necesito que abras el mar. Necesito la poderosa energía de la inspiración. Enseguida me di cuenta de que la razón por la que no prosperaba ni llegaba un milagro en esta área de mi vida era porque mi enfoque estaba en mí mismo y mi empresa. Estaba intentando llenar un hueco en mi alma con éxito, posesiones materiales y hacer lo correcto a ojos de otras personas. Pero a pesar del éxito que estuviera experimentando en esa área de mi vida, eso no hacía sino exponer lo mucho que me faltaba en otras áreas de mi vida. Mi voz interior me gritaba: ¡Contribuye! ¡Marca la diferencia! ¡Cambia el enfoque de ti mismo y mira cómo puedes ayudar a otros!

¡Caramba! ¡Eso era lo que me faltaba cuando se trataba de expresarme musicalmente! Es tiempo de quitar el enfoque de mí mismo y ver cómo puedo ayudar a otros.

Milagrosamente, fue por ese entonces cuando Crystal y yo habíamos estado saliendo y preparándonos para casarnos. Sin saberlo, creo que le conté a Matthew muchas veces la historia de cómo seguí pidiéndole a Crystal que se casara conmigo una y otra vez porque me encantaba oírle decir sí. Matthew continuó:

Mark estaba cegado con el milagro de que ella dijera que sí. Y ese fue mi milagro. ¡Tachán! Llegó la inspiración. ¿Qué sucedería si tomara su hermosa y romántica historia y creara una canción para ellos como regalo de boda? No hay nada en ello para mí. Tan solo el gozo de crear algo que conmemore su bella historia. Un torrente de energía corrió a través de mí. Con la imparable energía de un tsunami, las palabras y melodías comenzaron a inundar mi mente. Rápidamente conecté con mi socio escritor David Keesee, y mi inspiración encendió su creatividad. En cuarenta y ocho horas habíamos terminado toda la canción. Las aguas de vida se abrieron. El ruido y la distracción desaparecieron. La fuerza, inspiración y creatividad de Dios fluyeron, y se produjo una maravillosa canción.

Uno nunca sabe cuándo se a producir un milagro. Y nunca sabes cuándo el milagro que tú has estado esperando revela otro milagro que otro estaba esperando. Por cierto, ve a **markandcrystal.com** y disfruta de tener, escuchar y compartir la canción de Matthew gratis.

Mantén tus ojos abiertos

Verdaderamente creo que una de las claves para el éxito en nuestro matrimonio, carrera, relaciones, y en toda las demás áreas es disciplinarnos para buscar los milagros en la vida. Me niego a creer que algo nos suceda por casualidad; por lo tanto, cada evento o encuentro, por muy aparentemente aleatorio que parezca, debe de tener algún sentido. Eso significa que tenemos que estar atentos para ver los milagros que Dios trae a nuestro camino cada día.

Por supuesto, mantener tus ojos abiertos a las intervenciones de Dios tan a menudo sutiles lleva tiempo. Esta es una nueva destreza que estás aprendiendo, y no serás un experto en ello de la noche a la mañana. De hecho, Crystal y yo nos tomamos esto tan en serio que dedicamos la primera hora de nuestro día juntos en oración y meditación. Gran parte de ese tiempo lo pasamos enfocándonos en nuestro matrimonio y nuestras metas compartidas para el resto de nuestras vidas. Pero también pasamos ese tiempo tranquilo meditando en lo que está sucediendo en nuestras vidas, a quién trae Dios a nuestro encuentro, qué nuevas oportunidades parecen estar llegando a la superficie, etc.

Día tras día, Dios abre nuestros ojos a todo tipo de nuevos milagros, simplemente porque nos hemos disciplinado para *mirar.* La mayoría de la personas pasan tanto tiempo orando por los milagros que *creen que quieren,* que no tienen una visión clara de los milagros ¡que Dios *ya está haciendo* en sus vidas!

Encontrar milagros en lugares inesperados

Si aprender a ver los milagros es un reto para la persona promedio, aprender a verlos desde el interior de una cárcel debe de parecer imposible. Y sin embargo, fue ahí exactamente donde Bill Sands descubrió el milagro que transformaría su vida por completo. Y ese milagro se produjo de una forma muy poco común: su captor.

De niño, el papá de Bill era un juez muy conocido que era estricto en el estrado y un tirano en casa. Sintiéndose abandonado y buscando atención de su padre, Bill hizo lo que pensó que conseguiría la atención del juez: infringió la ley; *repetidamente.* A los diecinueve, Bill se vio en la prisión de San Quintín cumpliendo una sentencia extremadamente larga y dura. Y sin embargo, treinta años después, Bill se había convertido en un empresario súper exitoso, famoso orador, autor de best sellers, piloto, boxeador, comediante ¡e incluso minero de diamantes! Llevaba una vida extraordinaria y, cuando murió, dejó un legado de historias, sueños y creencia en que la vida siempre puede ser mejor.

¿Cómo sucedió? Un día, el guardián de San Quintín, un hombre llamado Clinton Duffy, dijo: "Me importas, Bill". Solo eso fue un milagro para este delincuente joven, herido, solitario, que había buscado la aprobación de su padre durante toda su vida. Pero Duffy continuó: "Bill, tú eres mejor que esto. Lee este libro, *Think and Grow Rich*, de Napoleón Hill. Sal de este trullo y marca una diferencia". Esas palabras le dieron la vuelta por completo a Bill Sands. A partir de ese momento, se convirtió en el prisionero modelo, lo cual le llevó a una reducción de condena. Los principios que aprendió Bill le permitieron tomar el control de su vida y su futuro. Bill trabajó duro, estudió, hizo riqueza y escribió un libro que fue un best seller. Queriendo ser un milagro para otros convictos, Bill desarrolló un poderoso programa de mentoría para uso dentro de prisiones, el cual pretendía sacar a hombres y mujeres de estas instituciones y terminar con el ciclo de reincidencia.

Como orador, las poderosas charlas de Bill Sands mostraron a millones de oyentes que había esperanza a pesar de lo bajo que se sintiera uno. Más que eso, mostró a cada persona que podía vivir a su máximo potencial. Bill se dedicó a hacer un mundo mejor para esta y futuras generaciones. En verdad, Bill se convirtió en un hacedor de milagros en el sentido más estricto de la palabra, pero sucedió solo porque primero reconoció el milagro en su propia vida. El milagro de un guardián de prisiones lleno de amor y de ánimo cambió no solo una vida, sino también las de muchos otros a través de Bill, incluida la mía. Yo tuve el honor de pasar tiempo con Bill Sands cuando habló en mi universidad cuando yo era estudiante. El día que pasé con Bill me impactó, y sus lecciones han causado definitivamente un impacto no solo en mí, sino en todos aquellos a los que yo he hablado desde entonces. El milagro que él experimentó sigue vivo, y puedes leer más sobre ello en su libro *My Shadow Run Fast*.

Ver milagros lleva tiempo

Una cosa es decir que tenemos que ser más conscientes al buscar los milagros, y otra cosa es tener la paciencia de hacerlo. Tenemos unas vidas muy ocupadas. La vida avanza muy deprisa, ¿no es así? Al menos eso es lo que los nuevos padres oyen de sus amigos mayores cuando llega un hijo: "Disfrútalo, porque todo pasa muy rápido". Además, vivimos en un mundo marcado por la gratificación instantánea. Los hijos nacidos hoy nunca sabrán lo que era vivir en un tiempo en que la respuesta a cualquier pregunta no se tenía simplemente apretando un botón. ¿Qué probabilidad tenemos de ver los milagros en nuestra vida si no podemos frenar los suficiente como para prestar atención?

Una cosa es decir que tenemos que ser más conscientes al buscar los milagros, y otra cosa es tener la paciencia de hacerlo.

La defensa de una meditación lenta y consciente la hace perfectamente Rabbi Lawrence Kushner en su libro apropiadamente titulado *God Was in This Place and I, I Did Not Know*. Al contemplar la historia de Moisés y la zarza ardiente, Rabbi Kushner escribe sobre la frecuencia con la que vemos el milagro en esta historia como la zarza ardiente misma, cómo Dios captó de forma tan creativa la atención de Moisés.

Kushner se pregunta, no obstante, por qué Dios, que ha hecho tantos milagros increíblemente asombrosos, como dividir el mar Rojo para que los israelitas pudieran pasar o hacer que se detenga el sol, no hizo algo mayor para asombrar realmente a Moisés. Claro, una zarza ardiente (que no se quema) es atractivo, pero Dios podía haber hecho algo mucho mayor, ¿no crees? Dios quiere algo más que deslumbrarte. Esto es lo que dice Kushner:

¿Cuánto tiempo tendrías tú para observar madera ardiendo hasta saber si de hecho se consumía o no? Incluso la madera seca que arde tarda varios minutos en consumirse. Esto significaría entonces que Moisés se habría tenido que quedar mirando "la vista maravillosa" de cerca durante varios minutos para poder saber ¡que estaba contemplando un milagro! [Los productores de anuncios de televisión, que han invertido mucho en saber el rango de atención visual humano, parecen estar de acuerdo en que un minuto es nuestro límite más lejano].

La zarza ardiente no fue un milagro. Fue una prueba. Dios quería saber si Moisés podía prestar atención o no a algo durante más de unos minutos. Cuando Moisés lo hizo, Dios habló. El truco es prestar atención a lo que está pasando a su alrededor el tiempo suficiente como para contemplar el milagro sin dormirse. Hay otro mundo, justo aquí dentro de este, dondequiera que prestemos atención.[2]

Esas son palabras inolvidables, ¿no crees? Lee la última línea otra vez, esta vez lentamente: "El truco es prestar atención a lo que está pasando a su alrededor el tiempo suficiente como para contemplar el milagro sin dormirse. Hay otro mundo, justo aquí dentro de este, dondequiera que prestemos atención".

Y eso, amigo mío, es la parte más difícil de mirar los milagros. Están a nuestro alrededor. Dios siempre está hablando, moviéndose y actuando a nuestro favor. Él quiere que nos unamos a Él desesperadamente en esa actividad, pero primero, tenemos que aprender a *ver* dónde se está moviendo Él y qué está haciendo. Para ese fin, ¡te ruego que reduzcas la marcha! ¡Tranquilo! Dedica parte de tu día, aunque solo sean unos minutos, a orar y meditar, pidiéndole a Dios que abra tus ojos a sus maravillosas obras en tu vida. Como nos enseña el Salmo 46:10: "Quédense quietos, reconozcan que yo soy Dios". Ese no es solo nuestro reto; es nuestro *imperativo* si queremos convertirnos en verdaderos hacedores de milagros en este mundo.

Quinto rollo milagro

Yo espero milagros

Siento, creo y espero milagros.

Las promesas de Dios son las mismas

ayer, hoy y mañana.

Los milagros de Dios se mostraron a través de

Moisés, David, Salomón y Jesús,

y lo que Dios ha hecho por ellos

lo hará a través de mí.

Mi futuro es milagroso.

Tengo una certeza milagrosa

en la empresa y en la vida.

Estoy seguro de que mis problemas son

oportunidades disfrazadas.

Estoy aquí para convertirme en uno de

los mayores milagros de Dios.

Fui creado a imagen de Dios, y Él está en mí.

Siento el aliento de Dios en mí ahora y siempre.

6

Dudar de los milagros

"**2** de Julio de 1993. Ese es el día en que morí".

Don Gandy no tenía esperanza alguna. Durante el año anterior, el gozo y placer por la vida del estudiante universitario se había perdido poco a poco. Le habían retirado de su posición como presidente de su fraternidad debido a un desafortunado escándalo que tuvo repercusión en todo el campus universitario. Sufrió la agonizante pérdida de un amigo de la infancia. Aparentemente estaba bajo una exorbitante cantidad de deuda en forma de préstamos universitarios, alrededor de unos treinta mil dólares. Él recuerda: "Me sentí totalmente hundido, como si no tuviera forma de soportarlo, mucho menos de pagar toda esa deuda. No veía salida alguna".

Escondiéndose detrás de su característica sonrisa y buen humor (su apodo universitario era "Feliz"), Don finalmente llegó a lo más bajo en junio de 1993. "Verdaderamente sentía que no podía seguir y no tenía un fin a la vista. Finalmente, decidí que estaba acabado. Intenté pensar en una forma de poner fin a todo. Incluso fui y compré un libro sobre las distintas formas de cometer suicidio. Leí ese libro de pasta a pasta y estaba intentando encontrar la forma perfecta de acabar con todo". La presión se acumuló durante unas semanas, hasta que finalmente llegó el día. "2 de julio de 1993. Ese es el día en que morí. Recuerdo [caminar y] pensar: *Hoy es el día*".

A pesar de su estudio de los métodos de suicidio, Don no sabía exactamente cómo quería poner fin a su vida. Le consumía la idea de su desesperanzado escape mientras conducía por la ciudad. Entonces, mientras estaba detenido en un semáforo cerca de su casa, Don miró hacia arriba y vio el banco local. Fue entonces cuando tomó la decisión: Don iba a robar el banco. "Tomé mi pistola que tenía en el maletero y la metí en el cinturón, debajo de mi camisa. Entré en el banco con la intención de que me disparase la policía y me matase en algún momento del robo. Pensé que podía al menos irme en una fogata de gloria, como un buen vaquero del oeste", explica.

El plan, sin embargo, no salió como él esperaba. En vez de hacer sonar la alarma, el dependiente simplemente le dio el dinero. Mientras se alejaba perplejo, el paquete de tinta de seguridad explotó en su automóvil. La policía enseguida llegó hasta la puerta del vehículo aún humeante, y Don fue enviado a la cárcel. Finalmente fue sentenciado a cuarenta y un meses en un edificio federal, y tuvo que trabajar al menos treinta y seis meses de su sentencia. Para un joven con un deseo de morir, tres años le parecieron una eternidad. La desesperanza de Don solo creció aún más.

El tiempo de cárcel para Don Gandy comenzó el 14 de mayo de 1994. Entró en el sistema en un estado de depresión, temor y desesperación. La mayoría de sus amigos le habían abandonado, y cualquier esperanza de una vida "normal" después de la prisión parecía remota como poco. Se enfocó en fortalecer sus defensas mentales y emocionales para la vida en prisión. Pero entonces, algo inesperado ocurrió. Él explica: "Recibí un día una carta de un hombre al que nunca había conocido como al mes de mi sentencia… me dijo que había conocido a mi madre en la iglesia y que quería escribirme mientras estuviera en la cárcel. Realmente me puse a la defensiva con esta mentalidad de prisión en ese momento, y pensé: *Sí, claro, ¿qué querrá de mí este tipo? No gracias.* Así que lo ignoré.

Pocos días después, llegó otra carta de ese hombre, y la ignoré. Pocos días después, recibí otra carta más. "Eran cartas realmente largas, y recibía dos o tres a la semana. Sencillamente me hablaba y hablaba como si nos hubiéramos conocido durante años. Comencé a confiar en él, así que le escribí". El hombre al otro lado de esta buena conversación se llamaba Paul y, al margen de la profunda duda y las fuertes defensas de Don, se convirtió en el milagro de Don. Las semanas se convirtieron en meses, y esta conversación interminable trajo incluso más luz a la oscuridad de Don. Los hombres hablaban de la fe, el plan de Dios para la vida de Don, y el sacrificio de Jesús por los pecados de Don. Después de tres mese de condena, Don aceptó el mayor milagro de su vida: la salvación a través de Cristo.

Al margen de la profunda duda y las fuertes defensas de Don, se convirtió en el milagro de Don. Las semanas se convirtieron en meses, y esta conversación interminable trajo incluso más luz a la oscuridad de Don.

Tras el milagroso encuentro, y mediante la milagrosa amistad de Paul, los tres años de Don en prisión los pasó en oración y estudio bíblico, mientras Don miraba a su futuro con algo que nunca esperaba encontrar dentro de la celda de una prisión: esperanza.

Finalmente, llegó el día de su liberación. "Algunos amigos y familiares fueron a esperarme a la cárcel para llevarme a casa. De camino, nos detuvimos en casa de Paul. Habíamos sido muy buenos amigos durante más de dos años, y pensaba que era el momento de conocernos. Le abracé y le di las gracias por su amistad y fidelidad. Él literalmente salvó mi vida".

La vida de Don en los años desde entonces ha estado marcada por un milagro tras otro. Está felizmente casado, ha tenido una exitosa carrera y es el orgulloso padre de un maravilloso niño. Echando la vista atrás y pensando en su vida asombrosa e inesperada, Don Gandy medita: "Dios nos da el derecho de tomar nuestras propias decisiones. Eso es un regalo, pero significa que podemos arruinar nuestras vidas con las malas decisiones. *El milagro sucede, sin embargo, cuando Dios interviene y de algún modo nos guía por el camino que Él ha planeado para nosotros todo el tiempo, a pesar de nuestros mayores errores*".

Encontrar esperanza en la desesperanza

La historia de Don es solo una de las miles que he oído que demuestran el asombroso poder de Dios para infiltrarse en una vida aparentemente desesperanzada. Con mucha frecuencia permitimos que la oscuridad que nos rodea nos ciegue a las milagrosas intervenciones de Dios. Permitimos que la desesperanza, el desánimo, la ansiedad, el temor, el lamento y un millón de emociones más ahoguen la voz que susurra: "Éste es el camino; síguelo" (Isaías 30:21). Por supuesto, nunca minimizaré el profundo dolor que acompaña a la depresión, y nunca sugeriré una respuesta "fácil" a ese tipo de desesperanza. Sin embargo, no puedo ignorar la disposición de Dios a entrar en nuestra oscuridad de forma sobrenatural o con las manos milagrosas de otra persona.

En medio de nuestra desesperación, Él sigue produciendo milagros en nuestras vidas. Esa es su promesa para nosotros. Por eso es tan importante aferrarse a una mentalidad de milagro, incluso en medio de la duda.

Jeremías 29:11 proclama valientemente: "Porque yo sé muy bien los planes que tengo para ustedes —afirma el Señor —, planes de bienestar y no de calamidad, a fin de darles un futuro y una esperanza". Esa frase es muy importante. Dios no dice que nos permitirá *encontrar* esperanza o que permitirá que *nos topemos* con la esperanza. No, ¡el Dios del universo declara que Él nos *dará* esperanza! Al margen de que la estemos buscando o no, ya sea que lo creamos o no, nuestro Padre celestial está trabajando activamente a nuestro favor. ¡Él no nos ha abandonado! En medio de nuestra desesperación, Él sigue produciendo milagros en nuestras vidas. Esa es su promesa para nosotros. Por eso es tan importante aferrarse a una mentalidad de milagro, incluso en medio de la duda. Los milagros aún se están produciendo; quizá no podamos verlos por un tiempo.

Responder a la duda

Hace años, mi amigo el Dr. Asher Milgrom se encontraba sumido en un laberinto de temor e incertidumbre. Estaba en la cúspide de algo increíble. Las abundantes bendiciones de Dios estaban listas para ser derramadas como Asher no había visto jamás. Y aun así, mi amigo estaba casi paralizado de la duda.

El Dr. Milgrom había pasado los últimos dos años siguiendo lo que creía ser una oportunidad magnífica en las junglas de Belice. Él y un grupo de colegas habían trazado un plan para crear una consulta médica en el extranjero especializada en cirugía cosmética que daría servicio a la élite del mundo. Su idea era crear un tipo de centro turístico de destino al que los pacientes acomodados pudieran volar para hacerles las operaciones en un paraíso privado. Parecía fácil que Asher estuviera convencido de que esta oportunidad era algo enviado directamente del cielo. Sin embargo, tras un año completo de reuniones sin fruto, el sueño cayó en el olvido enterrado bajo una montaña de complicaciones legales y polémicas disputas empresariales. Al segundo año, toda esperanza para este proyecto parecía haberse esfumado.

Pero entonces, comenzó el verdadero río de milagros. Primero, el propietario del centro turístico más exquisito de la región le ofreció venderle una parte perfecta de propiedad frente al río por un precio fantástico. ¡La tierra era perfecta para un centro médico! Después, como piezas caídas de un dominó, los obstáculos previamente impenetrables como asuntos legales, bancarios, financieros y regulatorios parecían resolverse sin esfuerzo mediante la ayuda repentina de unos oficiales del gobierno muy amables. ¡Parecía por un tiempo que el centro quirúrgico cosmético se estaba convirtiendo en una realidad! Pero, como sucedió, eso no era lo que realmente estaba ocurriendo.

A medida que todas las piezas se iban colocando, otra realidad se estaba formando en el corazón de Asher. De repente, se volvió muy consciente del deprimente estado de la asistencia médica en Centroamérica. La gran mayoría de estas personas cálidas y carismáticas no tenían prácticamente ninguna atención médica básica. De hecho, la medicina moderna apenas estaba presente en la región. El progreso de la caída de las fichas de dominó se detuvo, cuando el Dr. Milgrom se dio cuenta de que todo su sueño estaba a punto de cambiar. Los planes para un centro de cirugía cosmética se alteraron por completo, ya que Asher comenzó a enfocarse ahora en crear un programa misionero médico completo con el objetivo no solo de suplir las necesidades médicas básicas de la comunidad, sino también dar formación y educación para los doctores y las enfermeras de la nación. Lo que comenzó como una oferta limitada de solo cirugía cosmética para la élite del mundo se había convertido en cambio en un recurso para la educación, tratamiento de especialidad y atención sanitaria básica.

Los milagros continuaron. Cuando se vieron ante el reto de cómo financiar un esfuerzo tan enorme, Asher se quedó atónito cuando la respuesta prácticamente le cayó encima. De manera totalmente no solicitada, un gran contingente de residentes extranjeros, en su mayoría ciudadanos estadounidenses y canadienses jubilados y ricos, trajeron una propuesta lucrativa. Si el grupo médico proporcionaba un programa médico a medida para su especializada comunidad, los nacionales extranjeros pagarían una parte considerable ¡que sostendría todo el centro médico perpetuamente! La milagrosa provisión de Dios fue evidente para todos… salvo para el Dr. Milgrom.

Él recuerda: "Ahora estaba yo solo. Todo se estaba arreglando, y en ese momento, el proyecto dependía de mí; y ahí es donde los obstáculos y la resistencia que estaban mágicamente ausentes en todos lados comenzaron a aparecer de forma amenazadora. Esa misma noche, mis sueños se llenaron de imágenes de una inquisición bajo cuyo mordaz escrutinio estaba yo siendo retado. ¿Realmente crees que eres el que hará que esto suceda? ¿Podría un plan tuyo realmente ser tan bueno? ¿Realmente los expertos médicos *se van a unir a ti en esta misión? ¿Realmente eres bueno como para ofrecer tanto valor a tantos?*".

Él continúa: "El torrente de incisiones era interminable, y con la familiaridad de una voz interior, cada uno encontraba su diana con una precisión humillante. *Has cometido muchísimos errores. Has tenido errores graves. Tienes muchos defectos.* Humillado, quebrantado y solo, era incapaz de ponerme en pie por mí mismo".

Mientras Asher me contaba su sueño en ese tiempo, pude hablar palabras de afirmación contra sus dudas. Dios puso dos palabras sencillas en mi corazón para compartir con mi amigo: "Por supuesto".

Por supuesto que has cometido muchos errores, *por supuesto* que tienes dudas, *por supuesto* que tienes muchos defectos, pero también… *Por supuesto* que todas tus experiencias en la vida han sido parte del diseño de Dios para hacer de ti el hombre que eres hoy, ¡digno del milagro de este proyecto médico! *Por supuesto* que eres el que hace que esto suceda. *Por supuesto* que tu plan es realmente bueno. *Por supuesto* que otros doctores se unirán a ti en esta misión. *Por supuesto* que eres lo suficientemente bueno.

Con eso, con esas simples palabras dichas en amor y amistad, Asher pudo hacer frente a la gran marea de dudas y aceptar el hecho de que Dios no solo estaba haciendo milagros *alrededor* de él, sino que Dios también estaba haciendo milagros *para* él. Cuando al Dr. Milgrom se le recordó que la mano de Dios estaba obrando en él y a través de él, la última ficha de dominó se colocó. Tres meses después, el proyecto recibió la aprobación unánime de todos los ministros del gobierno de Belice, y el centro médico del Dr. Asher Milgrom fue reconocido como el que establecería el cimiento para el futuro de la medicina en todo América Central. ¡*Por supuesto* que lo fue!

Hombres como Don Gandy y Asher Milgrom me recuerdan, en mis propios momentos de duda y temor, que Dios sigue trabajando. Él tiene un plan, y su plan *será* cumplido. Los milagros no se detienen simplemente porque somos ocasionalmente incapaces de verlos o entenderlos. Y finalmente, es nuestra habilidad no solo *ver* sino también *recibir* los milagros en nuestra propia vida que, a pesar de los obstáculos, nos posicionan para *convertirnos* verdaderamente en el milagro para otros.

Sexto rollo milagro

Yo comienzo cada día con amor

Saludaré este día creando milagros

en base al amor en mi corazón.

Mi corazón está lleno de amor y rebosando

con un poder para hacer milagros.

Usaré el *Amor*,

la fuerza más grande del *Universo*,

para superarlo todo,

porque ningún odio puede defenderse

contra el *Amor*.

PARTE III

Ser el milagro

7

Llamado a hacer milagros

Cuando leemos las historias de los grandes hombres y mujeres hacedores de milagros de la Biblia, nuestra mente nos hace un pequeño truco. Si volvemos y leemos la primera aparición del joven David, el pastor, en 1 Samuel 16, ya sabemos que un día mataría al gigante. Si vamos al final de Génesis 5 y vemos la presentación de un hombre llamado Noé, ya sabemos que Dios obraría a través de él para restaurar y repoblar toda la tierra. Si leemos acerca del nacimiento de Moisés en Éxodo 2, ya sabemos que Dios le usaría para liberar a toda la nación de Israel de una forma espectacular. Y ahí reside nuestro problema: *Ya lo sabemos.*

Este es un pequeño secreto sobre los grandes héroes de la Biblia: ellos no sabían a qué milagros les estaba llamando Dios. Cuando el joven David estaba en el campo con sus ovejas o cuando Santiago y Juan estaban echando sus redes de pescar, no tenían ni idea de lo que Dios tenía preparado para ellos.

José era un soñador. Ester era huérfana. El apóstol Pablo era un perseguidor. Pedro, Santiago y Juan eran pescadores. Mateo era recaudador de impuestos. Pero no es así como los recordamos, ¿verdad? Los recordamos por lo que ocurrió después, por lo que Dios les permitió lograr a través de sus vidas. Sabemos el *final* de sus historias, y eso cambia cómo vemos el *comienzo* de sus historias.

Pero este es un pequeño secreto sobre los grandes héroes de la Biblia: ellos no sabían a qué milagros les estaba llamando Dios. Cuando el joven David estaba en el campo con sus ovejas o cuando Santiago y Juan estaban echando sus redes de pescar, no tenían ni idea de lo que Dios tenía preparado para ellos. No sabían que Dios ya estaba trabajando preparándoles para hacer milagros que moldearían el mundo que nos influencien aún en la actualidad, miles de años después. Ellos no lo sabían.

Creado para los milagros

Por favor, permíteme darte ahora lo que estos famosos hacedores de milagros no tenían entonces: perspectiva. Tú, amigo mío, naciste para los milagros. Naciste para la grandeza. ¡Las semillas del éxito fueron plantadas dentro de ti desde la creación del mundo! El apóstol Pablo escribe:

Pero Dios, que es rico en misericordia, por su gran amor por nosotros, nos dio vida con Cristo, aun cuando estábamos muertos en pecados. ¡Por gracia ustedes han sido salvados! Y en unión con Cristo Jesús, Dios nos resucitó y nos hizo sentar con él en las regiones celestiales, para mostrar en los tiempos venideros la incomparable riqueza de su gracia, que por su bondad derramó sobre nosotros en Cristo Jesús. Porque por gracia ustedes han sido salvados mediante la fe; esto no procede de ustedes, sino que es el regalo de Dios, no por obras, para que nadie se jacte. Porque somos hechura de Dios, creados en Cristo Jesús para buenas obras, las cuales Dios dispuso de antemano a fin de que las pongamos en práctica (Efesios 2:4-10).

¿Has oído eso? No solo somos hechura de Dios, sino que fuimos creados para buenas obras. ¡Los milagros están en nuestra naturaleza! ¡Es una de las razones por las que nos pusieron en este planeta! Y estos no son solo milagros al azar, ¡sino que fueron preparados para nosotros desde antes de que existiera el mundo!

Deja que esto cale en ti por un minuto. En el momento de la creación, Dios no solo nos conocía, sino que también conocía la obra que nos estaba llamando a hacer. Eso significa que cada acto de bendición que damos a alguien es un testimonio y una expresión del poder de Dios. Él *nos* conoce. Él conoce *a nuestros hermanos y hermanas*. Él conoce *sus necesidades*, y sabe cómo *usarnos* para suplirlas. Ese llamado ha estado dentro de nosotros desde el comienzo, ¡lo hayamos aceptado antes o no! Y esto no está limitado a unos cuantos escogidos. Este potencial para hacer milagros está en el centro de quiénes somos como miembros de la raza humana, los siete mil millones de personas que caminamos en este planeta. ¿Te imaginas lo que ocurriría si todos en la tierra finalmente reconocieran y aceptaran este llamado a hacer milagros? ¡Sería increíble!

Bendecidos para ser una bendición

Tenemos el mandato bíblico de bendecir a otras personas. Como Dios le dijo a Abraham: "Y te bendeciré; haré famoso tu nombre, y serás una bendición" (Génesis 12:2). Hemos recibido las bendiciones de Dios, y debemos derramar las bendiciones de Dios sobre otros. Somos bendecidos *para ser una bendición.*

No hay sentimiento en esta tierra como la satisfacción de causar un impacto sobre otra persona. He visto esto una y otra vez de un millón de formas, grandes y pequeñas.

Ahora bien, ¿significa esto que el hacer milagros deba ser una tarea? ¡Claro que no! ¡Es uno de los mayores gozos de la vida! No hay sentimiento en esta tierra como la satisfacción de causar un impacto sobre otra persona. He visto esto una y otra vez de un millón de formas, grandes y pequeñas. No tienes que empezar cambiando el mundo. Quizá solo comiences bendiciendo a una camarera desprevenida con una propina inusualmente grande la próxima vez que vayas a comer. Puede que eso en sí mismo no parezca algo milagroso, pero podría ser de un valor incalculable para ella. Recuerda: Dios ha preparado esas obras de antemano para que tú las hagas. Si te sientes cargado por hacer algo aunque solo sea un poco fuera de lo ordinario, ¡escucha ese impulso! ¡Eso bien podría ser el Dios del universo dándote un golpecito en el hombro para llamar tu atención! Así como los héroes de la Biblia, nunca sabes cuál será el resultado final de tus acciones.

Un hilo milagroso

Quizá nunca hayas oído hablar de Edward Kimball. A mitad del siglo XIX, Edward era un simple maestro de la escuela dominical en la iglesia Mr. Vernon Congregational en Boston. Amaba a los niños de su clase, y fielmente les enseñaba la Biblia semana tras semana. Había un adolescente en particular que destacaba para Edward. El niño realmente no parecía querer estar en la iglesia, lo cual de hecho resultó ser cierto. El niño solo estaba allí porque su tío, con el que vivía, le obligaba. Así que cada semana, Edward enseñaba de la Biblia, y cada semana, este adolescente parecía estar cada vez más alejado.

Con el tiempo, Edward sintió una urgencia innegable de influenciar la vida de este joven. Le inundó el sentimiento de que había algo que él debía hacer. Así, incluso aunque era muy tímido, tomó la poco característica decisión de visitar al adolescente en la zapatería de su tío, donde trabajaba. Tras caminar de forma nerviosa para un lado y para otro antes de entrar en la tienda, Edward entró y le pidió directamente al muchacho que se hiciera cristiano. Según recuerda Edward, la conversación no fue muy bien y se fue con un sentimiento de no haber marcado la diferencia en manera alguna. ¡No podía estar más equivocado!

Ese joven, Dwight "D. L." Moody, había estado escuchando. Y mientras Edward Kimbal compartía con él, ¡el espíritu titilante de Dwight explotó a la vida! Fue una diferencia como el día y la noche. Antes, le describían como "espiritualmente oscuro" e incapaz de entender nada respecto a la fe. Pero ahora, no mucho después de su encuentro con Kimball, Moody no podía dejar de hablar de Jesús. Se sentía impulsado a contarle a todo el que conocía acerca de la decisión que había tomado por Cristo. Poco tiempo después, tras mudarse a Chicago, se dice que Moody no dejaba pasar ni un día sin hablarle al menos a una persona de Jesús. Había recibido un milagro a través del testimonio de Edward Kimball, ¡y casi de inmediato comenzó a pasar ese milagro a otros!

D. L. Moody se convirtió en uno de los evangelistas más renombrados de la historia. Fundó la iglesia Moody Church, el Instituto Bíblico Moody, y Moody Publishers. Se estima que al menos un millón de personas han recibido a Jesús como resultado de la predicación de Moody, y su estilo y pasión cambió el aspecto del evangelismo americano para siempre.

Ahora bien, si esta historia terminase aquí, ya sería una historia destacada e inspiradora. A fin de cuentas, el impacto de los milagros que Dios marca a través de nosotros puede ser asombrosamente espectacular. Edward Kimball nunca se imaginó cuál sería el resultado de su nerviosa conversación en esa zapatería. ¡Llevar a Cristo a uno de los evangelistas más grandes cambió el mundo! Pero no nos detengamos ahí. Recuerda: los milagros que vemos narrados en las Escrituras no impactaron solo a una persona o incluso a una generación; los efectos tuvieron un efecto dominó a lo largo de toda la historia. Por lo tanto, sigamos algunos de los efectos de la historia de Edward Kimball.

Dieciocho años después de su conversión al cristianismo, D. L. Moody dejó América para comenzar una cruzada evangelística en Liverpool, Inglaterra. Mientras estaba allí, predicó en una iglesia bautista pastoreada por F. B. Meyer. Los dos comenzaron una amistad, y Moody invitó a Meyer a ir a hablar a algunas multitudes americanas. Presente en una de las cruzadas americanas de Meyer había un joven predicador llamado Wilber Chapman, quien llegó a ser tan inspirado por la predicación de Meyer que se convirtió en un evangelista itinerante muy eficaz. Después, a Chapman se le unió en su cruzada evangelística un recién convertido al cristianismo llamado Billy Sunday. Con los años, Sunday mismo se convirtió en uno de los principales evangelistas de la historia de América y llevó a muchos miles a Cristo. Durante una gira de predicaciones en Carolina del Norte, Sunday invitó al evangelista Mordecai Ham a realizar una cruzada en Charlotte. Aunque las sesiones frustraron a Ham, continuó orando por un milagro. Sus oraciones fueron más que respondidas una noche en 1934 cuando un niño local de dieciséis años se acercó después del servicio para aceptar el llamado del predicador a aceptar a Cristo. El nombre del niño era William Franklin Graham, Jr., aunque probablemente le conozcas como Billy.

Billy Graham, por supuesto, es el evangelista más conocido de la historia, y posiblemente el cristiano más conocido de los tiempos modernos. Se calcula que más de tres millones de personas han recibido a Jesús como resultado de las cruzadas evangelísticas de Graham, y su audiencia en su vida de los programas de radio y televisión supera los dos mil millones de personas.[3] Ha sido amigo cercano y consejero de varios presidentes estadounidenses. Ha aparecido en la lista Gallup de las personas más admiradas cincuenta y cinco veces, más que cualquier otro en la historia. Pocos hombres han hecho más por cambiar el panorama religioso, social y político de su tiempo. Mientras escribo esto, Billy Graham está cerca de los cien años de vida, y no cabe duda que cerca del final de su destacada vida. Sin embargo, su misión y ministerio viven no solo a través de sus hijos, que ahora dirigen la Asociación Evangelística Billy Graham, sino también a través de los miles de millones de personas que han sido tocadas por este hombre. La historia contará sin lugar a dudas muchos milagros más que aún se producirán como resultado de la obediencia de Billy Graham al llamado a hacer milagros de Dios.

Pero no nos permitamos que la obra y notoriedad de este hombre nos ciegue. Sí, ha vivido una vida histórica llena de milagros y asombro, pero no comenzó con Billy Graham. Puedes seguir el hilo de milagros al menos ciento sesenta años atrás en el tiempo, hasta un tímido maestro de escuela dominical que fielmente siguió el llamado a ministrar a un dependiente de una zapatería aparentemente perdido. Y por supuesto, es ahí donde comenzó esta historia. No tenemos idea de qué milagro llevó a la vida de Edward Kimball, o qué milagro ocurrió incluso antes, o qué milagro ocurrió antes de entonces.

No sabes cómo un milagro llevará al siguiente,
pero la historia demuestra que fluyen uno tras otro.
Tu obediencia hoy en convertirte en el hacedor
de milagros que Dios te ha llamado a ser ¡tiene
el potencial de cambiar literalmente el mundo!

Eso es lo que ocurre con los milagros. No sabes cómo un milagro llevará al siguiente, pero la historia demuestra que fluyen uno tras otro. Tu obediencia hoy en convertirte en el hacedor de milagros que Dios te ha llamado a ser ¡tiene el potencial de cambiar literalmente el mundo! Así pues, ¡sal ahí fuera! Explora. Ten visión. Está atento al impulso de Dios. Enfócate en un propósito apasionado que estés intentando lograr. Aférrate a él. Prometo que encontrarás a otras personas que se unirán a ti. Descubrirás nuevas y emocionantes oportunidades que nunca imaginaste. Tan solo mantente flexible, y está preparado y dispuesto a corregir el curso si comienzas a desviarte. Dios te está dirigiendo en un viaje milagroso en el que el milagro llevará a otro milagro. Él tiene el camino desplegado delante de ti, y los resultados serán asombrosos.

Séptimo rollo milagro

Yo soy la mayor obra maestra de Dios

Yo soy el amor de Dios hecho visible.

Fui concebido por el amor de Dios

y creado para hacer maravillas.

Soy raro, y hay valor en toda rareza;

por lo tanto, soy valioso y

mi valor y dignidad aumentan continuamente.

Soy una criatura de la naturaleza

maravillosamente única.

Soy único en mi especie.

No hay nadie como yo.

Soy una obra maestra de Dios.

8

Trabajar hacia los milagros

¿Alguna vez te has detenido a hacer un inventario detallado de tu vida? Si no, te reto a hacerlo ahora mismo. Piensa en lo que Dios ha puesto a tu cuidado. ¿Tienes buena salud? ¿Tienes la bendición de tener un círculo íntimo de amigos y familiares? ¿Recibes algún tipo de ingresos? ¿Tienes un techo sobre tu cabeza? Ve despacio y piensa en absolutamente todo lo que Dios te ha confiado; no des por sentado nada. Aquí puede entrar lo físico, espiritual, relacional, intelectual, ¡vale cualquier cosa! ¿Con qué te ha bendecido Dios? Pídele a Dios que te ayude mientras haces este ejercicio, y no pares hasta que simplemente no puedas pensar en nada más.

Hablo con muchas personas que desesperadamente quieren y necesitan un milagro en sus vidas. Se sientan y oran; oran y se sientan; esperan y esperan y esperan. A veces quiero tomarlos por los hombros y gritar: "¿A qué estás esperando? Si quieres un milagro, ¡levántate y haz que ocurra algo!".

A mí realmente este ejercicio me parece agotador, porque veo todo lo que hay en mi vida como una bendición de una forma o de otra. Oro junto al salmista: "Alaba, alma mía, al Señor, y no olvides ninguno de sus beneficios" (Salmos 103:2). Si alguien se te acercara y comentara la maravillosa vida con la que Dios te ha bendecido, ¿tu respuesta sería "Sí, así es, ¡estoy agradecido!"? Verás, nuestra vida no es nuestra. Dios nos ha dado todo, incluso la vida misma, para honrarle y ser una bendición para otros.

Al revisar tu lista de bendiciones, nunca olvides que contienen dentro de ellas enormes oportunidades para crecer, tanto para nosotros como para el mundo que nos rodea. Y así te pregunto enfáticamente: ¿Qué estas haciendo con las bendiciones y oportunidades que Dios ha puesto a tus pies? A mí, al menos, ¡me gustaría convertir esas bendiciones en milagros! Para hacer eso, debemos se conscientes de las oportunidades de bendecir a otros usando los dones que Dios ha puesto en nuestra vida. Y eso, amigo mío, a menudo requiere que trabajemos.

La oportunidad se parece al trabajo

Hablo con muchas personas que desesperadamente quieren y necesitan un milagro en sus vidas. Se sientan y oran; oran y se sientan; esperan y esperan y esperan. A veces quiero tomarlos por los hombros y gritar: "¿A qué estás esperando? Si quieres un milagro, ¡levántate y haz que ocurra algo!". Hemos dicho la frase *hacedor de milagros* con frecuencia a lo largo de este libro, pero detengámonos a ver la palabra clave de este término: *Hacedor* implica que en verdad ¡estamos *haciendo* que ocurra algo! No se me ocurre nada que fuera *hecho* simplemente por alguien que se sienta y espera. ¡*Hacer* implica acción!

Un granjero puede ser bendecido con las cosechas más increíbles que jamás hayan existido en la historia, pero a menos que las coseche, no valen de nada. Nuestra vida y las bendiciones que hemos recibido nos las ha dado nuestro Padre celestial. Si queremos ver una rica cosecha de milagros fluyendo a través de nuestra vida, entonces tenemos que ocuparnos de la tarea de cuidar el campo y aprovechar al máximo cada oportunidad que Dios con tanta misericordia nos da. Al hacerlo, proveemos abundancia no solo para nosotros y nuestra familia, sino también un desbordamiento para compartir con otros. Cuando ese desbordamiento rebosa e impacta la vida de otros de formas impresionantes, inesperadas y transformadoras, ¿qué palabra crees que usarían para describirlo? ¡Lo llamarían un milagro! Y estarían en lo cierto.

Reconocemos a Thomas Edison como el inventor de la primera bombilla comercialmente práctica, pero apenas consideramos todo lo que llevó hasta literalmente crear la luz en una botella que durase meses. ¿Crees que tuvo la idea de la bombilla mientras desayunaba y se sentó bajo su calor y luz a la hora de la comida? ¡Claro que no! Trabajó en ello durante meses y "falló" miles de veces, al menos así es como otros lo podrían haber considerado. Pero cuando le preguntaron al respecto, el trabajador Edison respondió: "No he fracasado. He encontrado diez mil soluciones que no funcionan". Eso es porque Edison no estaba confundido entre la conexión existente entre el trabajo duro y las oportunidades milagrosas. Se le conoce bien por otra de sus citas inspiradoras sobre la virtud del trabajo duro, como: "La oportunidad la desaprovecha la mayoría de la gente porque va vestida con un mono de trabajo y se parece al trabajo" y "Todo le llega a aquel que se mueve mientras espera".

Eso nos lleva de nuevo a nuestra discusión sobre esperar los milagros. Sí, Dios puede moverse y se moverá de formas impresionantes y repentinas. Hemos dicho antes que Dios es la "primera causa", queriendo decir con ello que Él moverá montañas por iniciativa propia. Sin embargo, esos no son los milagros que experimentamos en la vida. De hecho, diría que *la mayoría* de los milagros que vemos son los que requieren la participación activa de una "segunda causa", la cual es una persona que está dispuesta a entrar en el fluir de la corriente hacedora de milagros de Dios y hace que algo ocurra.

Dar el primer paso

La historia del Evangelio de Jesús cuando caminó sobre el agua es uno de los milagros más conocidos. La imagen es tan prevalente, de hecho, que la frase *caminar sobre el agua* se ha convertido en un término común usado para describir a alguien que tiene suerte. Ciertamente, la imagen de Jesús caminando por encima de un lago en las horas antes del amanecer es imponente. ¡Eso ciertamente lo sitúa en la categoría de milagro! Sin embargo, al menos en el relato de Mateo, Jesús no solo era el hombre que dio un paseo por la superficie del agua esa noche. Echa un vistazo:

En seguida Jesús hizo que los discípulos subieran a la barca y se le adelantaran al otro lado mientras él despedía a la multitud. Después de despedir a la gente, subió a la montaña para orar a solas. Al anochecer, estaba allí él solo, y la barca ya estaba bastante lejos de la tierra, zarandeada por las olas, porque el viento le era contrario.

En la madrugada, Jesús se acercó a ellos caminando sobre el lago. Cuando los discípulos lo vieron caminando sobre el agua, quedaron aterrados. —¡Es un fantasma! —gritaron de miedo.

Pero Jesús les dijo en seguida: —¡Cálmense! Soy yo. No tengan miedo.

—Señor, si eres tú —respondió Pedro—, mándame que vaya a ti sobre el agua.

—Ven —dijo Jesús.

Pedro bajó de la barca y caminó sobre el agua en dirección a Jesús. Pero al sentir el viento fuerte, tuvo miedo y comenzó a hundirse. Entonces gritó: —¡Señor, sálvame!

En seguida Jesús le tendió la mano y, sujetándolo, lo reprendió: —¡Hombre de poca fe! ¿Por qué dudaste?

Cuando subieron a la barca, se calmó el viento. Y los que estaban en la barca lo adoraron diciendo: —Verdaderamente tú eres el Hijo de Dios (Mateo 14:22-33).

Si no tenemos cuidado, podemos leer ese pasaje demasiado rápido y ver a Pedro simplemente saltando el lateral de la barca sin pensarlo. ¿Crees que es así realmente como ocurrió? Yo tiendo a pensar que hubo al menos una ligera pausa entre el mandato de Jesús y el primer paso de Pedro sobre el agua. ¿Qué debió de haber estado pensando Pedro en ese momento? Las olas estaban golpeando y la barca se movía sobre las olas. Incluso si se las hubiera arreglado para dormir esa noche durante los fuertes vientos, sin duda que estaba atontado por haberse despertado tan pronto en la madrugada. Y no nos olvidemos de que su pulso probablemente estaba aún acelerado por su miedo inicial de pensar que Jesús era un fantasma. Esta no fue definitivamente una escena calmada, serena o tranquila. Este no fue un "paso de fe" que uno dé solo mientras está sentado tranquilamente en el sofá. No, este fue un *verdadero* paso de fe; un paso que podría haberle costado la vida a Pedro. Y que requirió pensar bien las cosas.

Sin embargo, por alguna razón, Pedro decidió: "Sí, puedo confiar en Jesús. Sí, estoy dispuesto a dar este salto. Sí, es el momento de que yo ponga mi fe a funcionar y me encuentre con Jesús a mitad de camino". Eso es lo único que esperaba Jesús. Seguro, Jesús podría haber levantado a Pedro y haberle sacado por la fuerza de la barca. Si Jesús o Pedro hubieran actuado de otra forma, los Evangelios quizá narrarían la imagen de Pedro *aterrizando*, en vez de *andando*, sobre la superficie del agua. Pero ¿qué nos hubiera costado eso a nosotros, incluso miles de años después? ¿Sucedió el milagro cuando Pedro estuvo sobre el agua de pie o cuando levantó su pierna para salir de la barca? Yo tiendo a pensar que el milagro comenzó cuando Pedro tomó la decisión de actuar.

Una lección que podemos aprender de Pedro esa noche es esta: la seguridad de la barca nos permite solo *ver* milagros. Si queremos *ser* el milagro, tenemos que pasar a la acción, sacar nuestras piernas de la seguridad de la barca.

Ese mismo principio es cierto en los milagros en los que participamos. La parte difícil no es ver a Dios hacer cosas increíbles. Esa puede ser la parte más emocionante, pero sinceramente, esa parte es fácil. Estoy seguro de que los discípulos tuvieron un gran espectáculo cuando se dieron cuenta de que era Jesús, no un fantasma, quien estaba desafiando las leyes de la naturaleza al caminar hacia ellos por encima del agua. ¡Qué emocionante debió de haber sido ver eso! Pero no, la parte difícil es cuando tenemos que enfrentarnos a las luchas internas, las dudas y temores que quieren mantenernos a salvo, calentitos y secos en la barca. ¿Cuántos milagros se pierden porque somos demasiado miedosos (o perezosos) y no damos el primer paso de fe y acción?

Una lección que podemos aprender de Pedro esa noche es esta: la seguridad de la barca nos permite solo *ver* milagros. Si queremos *ser* el milagro, tenemos que pasar a la acción, sacar nuestras piernas de la seguridad de la barca, y encontrarnos con Jesús donde Él esté.

Es perfectamente aceptable esperar que Dios se mueva de formas poderosas, pero a la vez Él nos ha llamado a preparar los campos. No podemos simplemente sentarnos y esperar, con la esperanza de que Él haga algo o envíe a alguien que arregle nuestros problemas. No es así como Él opera. Dios no trabaja según nuestra agenda o nuestras especificaciones. Él nos ha formado para trabajar hacia metas, y cuando trabajamos para cumplirlas, Él aparecerá durante todo el proceso.

Octavo rollo milagro

Yo tengo un potencial ilimitado

Tengo un potencial ilimitado
para pensar, crecer y desarrollar.
Solo puedo escoger lo que quiero manifestar.
Mi potencial anhela que lo use.
Puedo aumentar y aumentaré enormemente
mis logros mil veces más para beneficio de todos.

9

Formar equipo para hacer milagros

A Missie le aterraba uno de los mayores gozos de la vida: una buena noche de sueño. Durante más de una década, esta mujer brillante y sonriente de veinticinco años se vio ante inimaginables demonios y tortura nocturna. Pesadillas intensas habían plagado sus sueños casi cada noche desde que era un niña, y los años de terror sin dormir le habían pasado una factura enorme. Era una carga que llevó sola todo el tiempo, sin decirle nunca a nadie lo que le estaba sucediendo o compartir sus preocupaciones con amigos o familiares. Iba a la batalla cada noche cuando se arropaba, pero ella era un ejército de uno. Estaba perdiendo.

Esta joven era sin duda una guerrera de oración. Oraba y oraba por este asunto, y a la vez sus solitarias oraciones no recibían respuesta. Missie estaba activa en distintos grupos de oración, también, siempre trabajando con el dolor y las luchas de los que tenía a su alrededor. Sus magníficas oraciones eran como canciones espontáneas de alabanza ofrecidas para beneficio de otros. A los amigos en su círculo de oración les encantaba oírla orar, y todos testificaban del poder de sus oraciones y la forma en que Dios obraba a través de ella para llevar bendiciones y milagros a sus vidas. Ella quería desesperadamente ese tipo de milagro en su propia vida, pero se guardó para sí su necesidad durante años.

Aunque sin duda Jesús busca una relación con cada hombre, mujer y niño en lo *individual*, hay un innegable poder y presencia del Señor cuando un grupo de creyentes se junta.

Finalmente, una tarde en el trabajo, Missie contó su problema con las pesadillas en su círculo de oración (una de las ventajas de trabajar para un ministerio cristiano). Al escuchar su conmovedora historia, el jefe de Missie no lo dudó. "De acuerdo,

Missie, vamos a tratar esto ahora mismo". Movió una silla vacía al centro de la sala. "Tú siéntate aquí. Todos los demás, rodéenla. Tenemos trabajo que hacer, y vamos a hacerlo *juntos*".

Los siguientes veinte minutos estuvieron llenos de oración tras oración, ofrecidas con una intensidad de amor inigualable que Missie nunca antes había experimentado. Mientras cada amigo y compañero oraba por ella, Missie sintió que sus cargas caían de sus hombros como ladrillos. Uno a uno, el grupo impuso sus manos sobre ella y le ofrecieron su petición al Señor. Estaban enfocados. Estaban totalmente unidos en su misión y propósito. Nadie dudó; nadie miraba alrededor de la sala; nadie miró su reloj ni se preocupaba de perderse una reunión o de no tener tiempo para almorzar. Los que estaban reunidos actuaban en perfecta unidad, enfocando sus corazones, mentes y oraciones en un solo objetivo: pedir a Dios que liberase a esta hermosa joven de una década de tormento.

Cuando se pronunció el último amén, Missie alzó la mirada llorando. "Gracias", dijo con un susurro emocional y partido. "Gracias". Esa noche, Missie tuvo la primera noche de sueño tranquila desde que era una niña. Noche tras noche a partir de ese momento, Missie experimentó lo que otros dan por hecho: descansar. Las pesadillas se fueron para siempre.

Donde hay dos o tres reunidos

En Mateo 18:20, Jesús dijo: "Porque donde dos o tres se reúnen en mi nombre, allí estoy yo en medio de ellos". Aunque sin duda Jesús busca una relación con cada hombre, mujer y niño en lo *individual*, hay un innegable poder y presencia del Señor cuando un grupo de creyentes se junta. De hecho, Andrew Carnegie creía que esta cooperación es lo que facilita los milagros, y yo estoy de acuerdo. Para convertirse en un hacedor de milagros, hay que tener una gran obsesión respaldada por un equipo dedicado. Por eso, hace mucho tiempo, compuse un acróstico con la palabra TEAM (equipo):

Todos

En equipo

Alcanzamos

Milagros

Juntar a dos o más personas que piensen igual con una clara intención puede hacer que tu vida, familia, iglesia, empresa, país, organización benéfica o grupo sea enormemente exitoso o eficaz. Es el comienzo de tu Equipo de ensueño, o lo que Carnegie llamaba una Alianza Maestra.

Andrew Carnegie fue un inmigrante escocés que se convirtió en el hombre más rico de América. Atribuyó su riqueza no solo a su lectura de la Biblia, sino también al hecho de que aprendió a entender y también aplicar su sabiduría a su vida y empresa. La principal profesión de Carnegie era la industria acerera, aunque tuvo otras empresas durante su vida. Su Alianza Maestra consistía en aproximadamente cincuenta hombres a los que juntó para el específico propósito de fabricar y vender acero. Carnegie acreditó toda su fortuna al poder que acumuló mediante esta experiencia "maestra".

Carnegie observó en su lectura de las Escrituras que Jesús hizo la mayoría, si no todos, sus milagros narrados solo después de haber reunido a sus doce discípulos para trabajar en armonía. El magnate del acero vio esto como un principio de trabajo de equipo cooperativo que, si se aplicaba a su empresa, le permitiría construir una gran y próspera empresa que enriquecería no solo a su familia y asociados, sino también a todo el país.

Inspirado por el llamado intencional y directo de Jesús a cada uno de sus doce discípulos, Andrew Carnegie siempre estaba buscando posibles miembros para su equipo. Un día, se cruzó con un jornalero que quería trabajar diligentemente con Carnegie para crear una gran industria del acero. Los hombres tenían la misma mentalidad y estaban enfocados en sus esfuerzos, y Dios los bendijo abundantemente como resultado. El nombre de su nuevo socio era Charles Schwab, un hombre que consiguió también hacerse un nombre. Juntos, Carnegie y Schwab construyeron una organización imbatible.

Si quieres vivir a la altura de tu verdadero potencial para hacer milagros, no puedes actuar solo. Necesitas un equipo con el que trabajar, con el que orar, que te levanten cuando caigas, que te aplaudan cuando tengas éxito, y te empujen a seguir adelante cuando te estanques.

Más adelante en la vida, Andrew Carnegie concedió una detallada entrevista de tres días al autor Napoleon Hill. Toda la entrevista está presentada en el libro de Hill *How To Raise Your Salary*. En esta obra maestra, los lectores descubren los principios y la filosofía de cómo cualquiera en cualquier lugar puede ser infinitamente más exitoso, feliz y lograr más. El primer requisito es un deseo dominador. El segundo es un equipo maestro que crea intuitivamente en los milagros y los logros milagrosos. Carnegie explicaba: "Un equipo maestro tiene dos o más personas trabajando en el espíritu de la armonía cooperativa".

Los requisitos, de nuevo, son deseo y trabajo en equipo. Con estas dos fuerzas fundamentales, podemos lograr casi todo. Carnegie quería que todos supieran, compartieran y usaran estos principios. ¡Funcionan para todos! Si dominas su aplicación y los usas lo suficiente, puedes lograr la grandeza, e incluso un milagro.

Un cordel de tres hilos

Cuando nos asociamos con individuos que piensan parecido, ampliamos nuestro potencial para hacer milagros. El trabajo en equipo crea un poder exponencial. Si una persona puede levantar cien kilos, no deberíamos suponer que dos personas trabajando juntas pueden levantar solo el doble. En cambio, ¡la pareja cooperativa puede levantar mucho más que eso *juntos*! Eclesiastés 4:9 dice esto: "Más valen dos que uno, porque obtienen más fruto de su esfuerzo". Además de solo ampliar nuestros esfuerzos, sin embargo, trabajar con un equipo aporta una fuente incalculable de protección y ánimo. Eclesiastés 4 continúa: "Si caen, el uno levanta al otro. ¡Ay del que cae y no tiene quien lo levante! Si dos se acuestan juntos, entrarán en calor; uno solo ¿cómo va a calentarse? Uno solo puede ser vencido, pero dos pueden resistir. ¡La cuerda de tres hilos no se rompe fácilmente!" (4:10-12).

Si quieres vivir a la altura de tu verdadero potencial para hacer milagros, no puedes actuar solo. Necesitas un equipo con el que trabajar, con el que orar, que te levanten cuando caigas, que te aplaudan cuando tengas éxito, y te empujen a seguir adelante cuando te estanques. No puedo estar seguro del número perfecto de asociados que necesitas, pero esta es una idea: encuentra doce. Ciertamente no es un número mágico, pero *es* el modelo que demostró Jesús. Doce es suficiente para dar un amplio apoyo y variedad de experiencias y voces, pero no tan grande como para crear un comité inconexo y que se mueve lento. Te volverás como la gente con la que te asocies, así que asegúrate de que los miembros del equipo que escojas demuestren el fruto que te gustaría ver desarrollado en tu vida.

¿Qué deberías hacer en tus reuniones de grupo? Eso depende de ti y de Dios. Sin embargo, especialmente al comenzar y mientras avancen en sus años juntos, nunca pierdan de vista el poder de la oración. Orar juntos mantiene el enfoque de tu empresa donde siempre debe estar: en el Dios que actúa en ti, a través de ti y alrededor de ti. Tus milagros no son tuyos; fluyen a través de ti procedentes del Padre. Es Él quien reunirá a tu grupo maestro, y es Él quien hará milagros entre ustedes.

Noveno rollo milagro

Mis mañanas son extraordinarios

El milagro de mi nacimiento fue un gran comienzo,

y con Dios extenderé mis milagros diariamente.

Cada día soy apasionado a propósito para hacer

grandes obras, y eso me anima a hacerlo.

Pondré metas grandes e inspiradoras y trabajaré

para lograrlas.

Crearé cada vez más metas como destinos

para mis futuros logros.

Cumpliré mi potencial a su límite.

Mejoraré constante y continuamente mi

pensamiento, lenguaje, vocabulario, maneras,

gracias, cortesía y habilidades personales.

Seré el amor hecho visible.

10

Ser el milagro que nunca conociste

Deborah Rosado Shaw era una mamá soltera muy trabaja-dora con tres niños pequeños. Un día, mientras compraba en su tienda local Target, su mente se distrajo por completo con todos los afanas de su vida. Estaba preocupada por sus hijos y preocupada por cómo proveer para ellos. Tenía grandes metas en la vida, pero le costaba encontrar la tracción. Mientras empujaba su carrito por los pasillos ese día, se dio cuenta de que estaba pensando en lo mismo una y otra vez: *Necesito un milagro.*

Con ese pensamiento corriendo por su mente, se vio caminando de manera ausente por la sección de libros de la tienda. Tres veces, pasó por delante de mi libro *The Aladdin Factor*. Tres veces, el libro se cayó de la estantería a sus pies. Tres veces, lo levantó y lo puso en su sitio. Tras la tercera vez, recobró el sentido y se preguntaba si no sería este el milagro que estaba esperando. ¡Quizá lo era! Decidió comprar el libro con el poco dinero que tenía en el bolso, y comenzó a leerlo al llegar a casa.

Tuvo un momento de iluminación cuando leyó: "La pregunta correcta te da la respuesta. Siempre hay una manera productiva de mejorar el valor de cada producto, servicio, información, personalidad o idea". Deborah estaba en el negocio de la venta de paraguas. Siguiendo el consejo del libro, dispuso su mente para soñar con una nueva innovación en el área de los paraguas. ¿Qué podía hacer ella que nunca se hubiera hecho con algo tan común?

¡Voilá! Una idea llegó a su mente como un relámpago. ¿Qué es lo más molesto de caminar con un paraguas por la noche? ¡Es intentar ver por dónde vas cuando está oscuro y llueve! Y como las manos están parcialmente ocupadas sujetando el paraguas, es un fastidio terrible llevar *también* una linterna para alumbrar el camino. Así, ¿qué ocurriría si Deborah pudiera encontrar una solución elegante para integrar una luz *dentro* del mango de un paraguas? Se puso a trabajar en su idea, y pronto las primeras unidades estaban apareciendo en la línea de producción. ¡La respuesta del público fue abrumadora! ¡Les encantó! Tenía clientes listos para comprar los paraguas tan rápido como los pudiera fabricar. Personas compraban dos o tres para ellos y compraban más incluso para hacer regalos. ¡Había encontrado oro! Lo mejor de todo, es que Deborah creó, administró y dirigió la empresa ella sola, e hizo su primera fortuna poco después cuando decidió vender su empresa de paraguas con linterna.

Esto era especialmente emocionante para una mamá soltera que luchaba por sobrevivir con unos humildes comienzos en el cinturón de la pobreza. Con el tiempo, Deb emergió como una superestrella empresarial y modelo a seguir. Construyó y vendió una compañía de mercadotecnia internacional de millones de dólares, y su experiencia empresarial le permitió negociar y cerrar tratos con los compradores más inteligentes del mundo en Costco, Walmart, Toys"R"Us, e incluso la compañía Walt Disney. Ha trabajado en los consejos de PepsiCo, Walmart y muchos más. Es consejera de liderazgo de grandes compañías sobre cómo pueden vender, servir y ayudar a cincuenta millones de hispanos en los Estados Unidos. Y como oradora de primera categoría, Deb es una persona dinámica que cuenta a audiencias en todas partes que son únicos en el mundo y que tienen la capacidad de escoger tener éxito por ellos mismos.

Quizá nunca lo sepamos

La vida de Deborah Rosado Shaw es un milagro de pies a cabeza, y esa cadena de milagros en concreto comenzó con mi librito, *The Aladdin Factor,* que cayó misteriosamente de la estantería a sus pies varias veces. No puedo decirte lo agradecido que estoy de conocer esa historia y de haber tenido el placer de pasar tiempo con Deb en los años desde ese trascendental día cuando su compra fue milagrosamente interrumpida.

Al pensar en nuestra discusión de los milagros y en la historia de Deb en particular, algo increíblemente humillante me resalta: todas estas cosas maravillosas ocurrieron en la vida de Deborah antes de que yo la conociera. Dios usó mi libro para comenzar una magnífica cadena de milagros que cambió por completo su vida y el legado de su familia para siempre, y puede que yo no lo hubiera sabido nunca. Por supuesto, ahora he tenido el privilegio de conocer a Deb, pero la verdad es que nunca conoceré todas las distintas formas en que Dios me ha usado, y seguirá usándome, para hacer milagros en las vidas de otros. Lo mismo ocurre, por supuesto, con tus milagros.

Esa es una pieza clave del rompecabezas de hacer milagros, pero es una que a menudo pasamos por alto. Podemos estar tan enfocados en bendecir a las personas en nuestro círculo inmediato que quedamos totalmente cegados a cómo Dios puede usarnos de formas que nunca sabremos.

Podemos estar tan enfocados en bendecir a las personas en nuestro círculo inmediato que quedamos totalmente cegados a cómo Dios puede usarnos de formas que nunca sabremos.

Como autor, esta es una de las partes más emocionantes de la discusión acerca de hacer milagros. Estoy enormemente bendecido por conocer muchas de las historias de milagros que se han producido a través de mi trabajo, pero me doy cuenta de que solo conoceré una fracción muy pequeña de lo que Dios ha hecho y hará a través de mis libros. Esto me lleva a uno de los mayores gozos y desafíos en la vida de un hacedor de milagros: Dios seguirá obrando milagros en nosotros y a través nosotros que nunca conoceremos.

El comienzo de nuestro gran milagro

Para reforzar este punto, me gustaría contarte un poco de la historia que hay detrás de mi serie de libros éxito de ventas, Caldo de Pollo para el Alma. Quizá oír algunas de las historias que hemos oído te ayudarán a obtener una visión de la forma tan poderosa en que Dios sigue obrando a través de nuestras vidas, incluso cuando no sabemos cómo, cuándo, por qué o para quién está Él derramando sus milagros.

A principio de los años noventa, Jack Canfield y yo sentimos una carga terrible por los estadounidenses. Cada vez estábamos más convencidos de que, como nación, e incluso la gente del mundo en general, estaban emocionalmente debilitados y necesitados de sanidad espiritual y emocional. Como cuenta cuentos natural que soy, creía firmemente que nada cambia el humor de la gente, y por lo tanto su conducta, como una buena historia. Cuando hablamos Jack y yo, sentimos una fuerte convicción de que debíamos ayudar a la nación a volver a la pista reuniendo las historias más alentadoras y poderosas que pudiéramos encontrar y ponerlas en manos de todas las personas posibles. Así es como nació la idea de *Caldo de Pollo para el Alma.*

Durante tres años, Jack y yo trabajamos juntos para hacer realidad nuestro sueño. Cada día durante ese tiempo, nos sentíamos como si estuviéramos viviendo y respirando esta gran visión que Dios había puesto en nuestros corazones. Ese espíritu de propósito es lo que nos mantuvo durante todo el largo y a veces agotador proceso. También nos mantuvo motivados y animados cuando llegaron las adversidades y las decepciones.

Al mirar atrás más de veinte años después, puede parecer como si el libro fuera un éxito obvio desde el comienzo. En ese tiempo, no obstante, nos costó incluso convencer a alguien para que nos lo publicara. Superamos 144 negativas individuales. Parecía como si cada día alguien llamara diciéndonos que no. Llegamos a un punto en que nos reíamos y le dábamos la vuelta a su respuesta. En vez de leer "no", leíamos "on", como si un aparentemente interminable río de editoriales estuvieran diciéndonos "¡adelante, chicos!". Sabíamos en nuestro interior que teníamos un gran ganador, una serie de libros de éxito. Sabíamos sin lugar a dudas que Dios había puesto esta visión en nuestro corazón y que Él tenía grandes planes para lo que quería hacer a través de nuestro trabajo. Así, sin importar lo que dijeran nuestros críticos, familiares, detractores o aspirantes a editoriales, nosotros seguíamos avanzando.

Nos apoderamos, escribimos y creímos que tendríamos un resultado escandaloso, incluso cuando no había una razón obvia para hacerlo. Ese es el espíritu de hacer milagros; teníamos un llamado en nuestro corazón para hacer algo, e íbamos a hacerlo. En ese espíritu, escribimos lo que llamamos un "Voto de un plan empresarial" para la serie que habíamos visualizado. Nuestro primer objetivo escrito fue vender un millón y medio de libros en año y medio, y desde el 28 de junio de 1993 hasta las Navidades de 1994, vendimos un millón trescientos mil libros. Nos quedamos a doscientos mil ejemplares de nuestro objetivo. ¿Era eso un fracaso? ¡Claro que no! Estábamos haciendo lo que nadie pensó que podríamos hacer, ¡y Dios nos estaba empujando con más ímpetu del que jamás imaginamos! ¡Se estaba cociendo un milagro!

En ese momento, establecimos otro objetivo: el de vender cinco millones de libros en 1995. ¡Lo hicimos! Y después, en el 2000, estábamos vendiendo quince millones de libros al año. Ahora, veinte años después, hemos vendido quinientos millones de libros; estamos de camino a nuestro objetivo de una gran visión: vender mil millones de libros. El único libro en la historia en vender más de mil millones de ejemplares es la Biblia, y la gente seguía diciéndome: "¡No pueden sobrepasar a la Biblia!". Yo me tomé eso como un reto, no porque quisiera superar a la Biblia, sino porque creo en objetivos gigantes, del tamaño de un milagro.

En el espíritu de hacer milagros, decidí que no comenzaría desde lo más bajo para llegar a ese objetivo; podía mirar lo que Dios ya está haciendo y unirme a Él ahí. Así, trabajé para crear una edición actualizada del Buen Libro que fuera atractivo para millones de personas que normalmente no escogerían una Biblia tradicional con pastas de piel negras y el borde dorado. ¡El libro *Biblia Caldo de Pollo para el Alma* fue un enorme éxito! Era intimidante con una encantadora pasta morada y pequeñas historias de tipo "calditos de pollo" para dar nueva vida y perspectiva a la Palabra que era cómoda para los que no estaban acostumbrados a leer las Escrituras. En su cima, nuestra edición de la Biblia estaba vendiendo setenta mil ejemplares a la semana en Walmart. A los lectores les encantó, la compartían, hablaban de ella e hicieron de ella un éxito de ventas colosal. La gente estaba leyendo la Biblia por primera vez; fue un milagro, y fue todo porque algunos críticos con buenas intenciones habían dicho: "No pueden superar a la Biblia". Lo que ese desafío hizo fue hacerme encontrar una nueva forma de hacer un milagro para servir a los que no habíamos servido aún. Repito, eso es lo que haces cuando estás operando con la mentalidad de milagro: encuentras una forma de hacer lo imposible.

Resultados milagrosos

Dejando a un lado parte de esta historia, busquemos formas en que Dios obró mediante nuestros pequeños libros para llevar milagros a otras personas, algunas a quienes incluso conocíamos, y otros a los que nunca conocimos y quizá nunca lleguemos a conocer.

Dije que recibimos 144 negativas de editoriales. La casa publicadora que finalmente aceptó nuestra visión para el libro, Peter Vegso de HCI Books, fue uno de los primeros en darse cuenta de un milagro. Cuando nos unimos a él por primera vez, HCI estaba al borde de una bancarrota con una deuda de 17 millones de dólares que no podían pagar. Sin embargo, Peter luchó a nuestro lado en esos primeros días, y como resultado, nuestro éxito se convirtió en su éxito. En el zénit de nuestras ventas de quince millones de libros al año, nuestra publicadora tenía tres turnos distintos de 168 impresoras trabajando continuamente para producir libros suficientes para suplir esa extraordinaria demanda. Peter, el equipo de HCI, los múltiples turnos de impresores, y muchos más habían experimentado un milagro porque unos años antes, estaban esperando quedarse sin trabajo en cualquier instante. Pero ahora, estaban repletos de un éxito que jamás podían haber imaginado. Dios nos había usado a Jack y a mí para hacer algo increíble e inesperado para esos buenos hombres y mujeres, y nosotros fuimos bendecidos junto a ellos.

Esa bendición llegó hasta las librerías también. Las 4.700 librerías independientes, llamas "indies" por la Asociación Americana de Librerías (ABA), a menudo se acercaban a nosotros en las reuniones anuales con lágrimas en sus ojos. Nos abrazaban y decían: "Su serie de libros hizo que personas regresaran a nuestra tienda y nos salvaran de la bancarrota". Una pareja dijo abiertamente: "Ustedes fueron el milagro por el que habíamos estado orando". ¡Me encanta oír esas palabras!

Quizá la historia más conmovedora que he oído vino cuando Jack y yo estábamos firmando libros en una convención anual de ABA. Teníamos ochocientas personas esperando en la fila para conseguir un ejemplar gratuito de un libro hasta ese momento sin publicar de *Caldo de Pollo*. La ABA normalmente limita las firma de un autor a una hora, pero lo más rápido que podíamos ir era quinientos libros a la hora. Ya habíamos prometido libros y firmas a todos los que esperaban, así que sabíamos que íbamos a estar ahí un buen rato. Iba a ser una larga tarde.

Durante esta frenética firma, mientras estaba haciendo mi mejor esfuerzo por ir al ritmo de esa interminable fila de locuaces fans, Jack se inclinó hacia mí y me dijo en susurros: "Deja de firmar. Tienes que oír esto". Alcé la vista y vi que mi amigo tenía lágrimas en los ojos. Eso no era raro, ya que a menudo oíamos conmovedoras historias personales de personas en nuestras firmas de libros.

El hombre que estaba ante nosotros dijo: "¡Ustedes salvaron mi país!". De todo lo que había oído de buenas personas durante los años, ¡eso era la primera vez que lo oíamos! Él continuó: "Soy profesor universitario libanés. Cada noche tengo que convencer a miles de personas de mi pueblo para que mantengan al Líbano libre de la invasión siria. Pedí a mi pueblo que arriesgaran su vida y sus miembros por defender a nuestro gran país. Compartí sus historias de *Caldo de Pollo* cada noche para inspirarles a mantener el rumbo y mantener a salvo a nuestro país. Tengo conmigo un hombre que quiere darles las gracias personalmente. Él escuchó y creyó. Luchó valientemente y con bravura. En sus esfuerzos, perdió sus dos brazos".

El amigo del profesor dio un paso al frente y vimos que las dos mangas de su chaqueta estaban cortadas y cosidas en los hombros. Tenía una maravillosa sonrisa que brillaba, mientras decía: "Sus grandes historias ayudaron a salvar a mi país. Lo más importante es que me dieron esperanza. Aún lo hacen. Recorrí 9.000 kilómetros con mi profesor, amigo y mentor para darles las gracias personalmente por lo que han hecho por el Líbano". En ese momento, todos teníamos lágrimas corriendo por nuestro rostro. Abrazamos al hombre y besamos sus mejillas. Fue un hermoso momento que nunca olvidaré. Es verdaderamente memorable el tipo de milagros que Dios hace cuando simplemente buscamos hacer milagros siempre que podemos de la forma que podemos.

Los milagros que nunca conoces

Estas historias avivan mi espíritu y me dejan prácticamente sin palabras. Cuando me detengo y pienso en los milagros que Dios ha hecho en mí, a través de mí y alrededor de mí, lo único que puedo hacer es alzar mis brazos y orar con el apóstol Pablo: "¡Qué profundas son las riquezas de la sabiduría y del conocimiento de Dios! ¡Qué indescifrables sus juicios e impenetrables sus caminos!" (Romanos 11:33). La verdad es que Jack y yo solo sabremos una fina parte de las historias milagrosas que se han producido a través de nuestra obra. Las pocas historias que conozco son absolutamente impactantes, pero estoy seguro de que las más grandes son probablemente algunas que nunca conoceré.

Cuando me detengo y pienso en los milagros que Dios ha hecho en mí, a través de mí y alrededor de mí, lo único que puedo hacer es alzar mis brazos y orar con el apóstol Pablo: "¡Qué profundas son las riquezas de la sabiduría y del conocimiento de Dios!

Eso puede parecer triste para algunos, pero no para mí. De hecho, es una de las cosas que más me anima en mi carrera. Pensar que Dios puede usar el trabajo que hago, sentado aquí en este teclado de mi computadora, para influenciar a incontables millones de personas en todo el mundo no es otra cosa que milagroso. Pero no necesitas un éxito de ventas para impactar a cientos, o miles, o incluso millones de personas que nunca conocerás. Ese es el llamado que Dios ha puesto en mi vida; no tiene que ser el llamado que Él ha puesto en la tuya. Todos tenemos un don único para causar un impacto específico en el mundo. No puedes comparar tus milagro con los de otra persona. Tus milagros son tuyos, y cada uno es un regalo precioso de Dios para un propósito preciso. Puedes ser y serás un milagro para otros, ciertamente para aquellos que puedes ver, oír y hablar con ellos, pero quizá también para aquellos con los que no puedes hacerlo.

Décimo rollo milagro

Yo sobreviviré y prosperaré

Me deleitaré en los desafíos
porque sé que con Dios
puedo resolver cualquier crisis.
Sobreviviré y prosperaré.
Los problemas son oportunidades disfrazadas.
Están aquí para inspirar mi crecimiento
y ayudarme a descubrir soluciones creativas.
Los obstáculos ante mí están ahí para que los supere.
Usaré todos mis talentos y recursos para resolverlos
porque estoy seguro de que Dios desea que yo
sobreviva y prospere.

11

Hacer milagros como una forma de vida

Tengo que hacer una confesión, y probablemente no me creerás. Ya sabes a estas alturas que he tenido la bendición de gozar de la oportunidad de hablar profesionalmente desde hace ya unas décadas. Has leído acerca de cómo tuve que moverme para conseguir esas oportunidades al principio. Y sabes que he dedicado mucho tiempo y energía a escribir y vender libros, ¡y Dios ciertamente ha bendecido ese esfuerzo! He viajado por todo el mundo; he subido y bajado maletas a los aviones más veces de las que puedo recordar; y he corrido de un lugar a otro en carreras a toda velocidad por aceras llenas de gente. Me he dejado sangre, sudor y lágrimas en mi carrera cada día de mi vida adulta. Y todo comenzó seis meses después de sufrir una bancarrota, sentirme tirado y desechado. Fue entonces cuando mi mentor de oratoria nos invitó a mí y a otros dieciséis a asistir a la primer reunión de la Asociación Nacional de Oradores (NSA). En esa reunión dijo: "No se trata de lo grande que es mi trozo de la tarta, sino de lo grande que podemos hacer la tarta para todos".

La mayoría de los oradores en 1974 eran o bien profesionales trabajando para los gustos de General Motors o Ford Motor Company, como el Dr. Ken McFarlane o Bill Gove, obteniendo lo que parecía en ese entonces unas cuotas enormes de mil dólares por charla y haciendo cientos de actos al año. Cavett, sin embargo, hablaba siempre que surgían y donde surgían las oportunidades, quinientas veces al año por quinientos dólares por discurso o seminario. También fue el primero en vender productos de información desde la plataforma, ganando diez veces esa cantidad.

Otros oradores profesionales en ese entonces criticaban a Cavett por ensuciar una profesión y llevar demasiada competencia. Pero Cavett pensaba que todos deberían aprender a hablar, y creía que cuantos más oradores hubiera, más verdad e inspiración se difundirían cuando la audiencia llevara los mensajes de los líderes a sus casas y "los metieran en sus cerebros y los grabaran en el tejido de su ser y luego los compartieran con colegas, familiares y amigos para hacer que todos mejorasen". Gracias al gran corazón y brillantez de Cavett, hoy hay más de cinco mil miembros de NSA y más de doce mil oradores profesionales por el mundo trabajando para hacer que la tarta sea más grande y mejor para toda la gente.

Al margen de tu carrera o el título que haya después de tu nombre, tú también puedes hacer milagros como forma de vida, experimentando cada día como una aventura y un regalo de Dios. Te garantizo que te encantará del todo y, como yo¡, sentirás que *no tendrás que trabajar ningún día más de tu vida!*

En una charla que fue inspirada por el discurso de Will Rogers titulado "No puedes calentar un horno con bolas de nieve", Cavett dijo con su pronunciación lenta de Mississippi: "Hablar no es un trabajo si te encanta hacerlo. Nunca volverás a trabajar ni un solo día más en tu vida si te encanta lo que haces tanto como a mí me encanta lo que hago, hablar para inspirarte a cumplir el destino que Dios te ha dado". No podría estar más de acuerdo con esa filosofía, que se ha convertido en el alma de todo lo que hago.

Me encanta hablar y escribir, y mi profesión me quiere a mí. Ha vertido muchos, muchos milagros en mi vida. Quiero lo mismo o más para ti, querido lector. No, no siempre será fácil, pero cuando vives de tus pasiones, cuando pasas todo el día y todos los días haciendo milagros y viendo el cambio en las vidas de las personas delante de tus ojos, es difícil llamarlo "trabajo". Al margen de tu carrera o el título que haya después de tu nombre, tú también puedes hacer milagros como forma de vida, experimentando cada día como una aventura y un regalo de Dios. Te garantizo que te encantará del todo y, como yo¡, sentirás que *no tendrás que trabajar ningún día más de tu vida!*

Dar el milagro de oír

¡Puedo oír de nuevo! Es asombroso. No sabía lo que me perdía. Puedo oír a mi bella esposa susurrar que me ama sin tener que leer sus labios. Puedo oír mis pies y el ruido que hacen al pisar la alfombra. Puedo oír el sonido del viento y el dulce sonido de las campanitas en mi patio. Puedo oír la orquesta completa de las campanas de la iglesia el domingo por la mañana, y puedo entender cada palabra que cantan los adoradores. ¡Me gozo por la cacofonía de los milagrosos sonidos!

Durante muchos años, sin saberlo, me estaba perdiendo el 90 por ciento de ciertos rangos agudos que los oyentes normales pueden oír. ¡Ni siquiera sabía que se podían oír! Ruidos como el silbido de una tetera o el chillido de la alarma de mi casa que sonó por accidente estaban completamente fuera de mi escucha, ¡pero ya no es así! Ahora, con la ayuda de la tecnología moderna, tengo el regalo completo de volver a oír, ¡y es milagroso!

Conseguir mi audífono abrió algo más que mis oídos; abrió mis ojos a toda una comunidad de personas que desesperadamente necesitan un milagro. Perder solo algo de mi audición y experimentar el gozo de volverlo a tener puso una carga en mi corazón por aquellos que han perdido la mayor parte o toda su capacidad de oír. Por eso estoy emocionado con el trabajo que mis amigos Bill y Tanni Austin están haciendo por la población sorda del mundo.

La Fundación Starkey Hearing Foundation, dirigida por los Austin, es una organización humanitaria comprometida a hacer lo que sea necesario para llevar el milagro de oír donde sea necesario, en cualquier lugar del mundo. Bill posee de forma privada la compañía de tecnología auditiva más grande del mundo. A los setenta y tres años, Bill ha pasado más de medio siglo convirtiéndose en el Picasso del campo de los audífonos. Y sin embargo, a pesar de su gran éxito empresarial, lo que más ha motivado siempre a Bill ha sido ayudar a los necesitados. Para él, no se trata solo de dar a personas la capacidad de oír; se trata de dar a personas dignidad y respeto por uno mismo. Por eso pasa el 99 por ciento de su tiempo trabajando con la fundación. Tiene que hacerlo; en la Clinton Global Initiative en 2010, ¡prometió al expresidente Bill Clinton que daría un millón de audífonos en una década! Es una meta gigante, pero a finales de 2014, la fundación va un 40 por ciento por delante de su plan. Bill Austin simplemente es imparable en su cruzada por extender el milagro de oír.

Los niños preocupan especialmente a la Fundación Starkey. Bill me dijo: "Si los niños no consiguen oír antes de los cuatro años, se vuelve muy difícil que puedan aprender a hablar y vocalizar". Esto es especialmente cierto en algunas de las comunidades más pobres de la tierra, donde la fundación da audífonos gratis y baterías extra. A través de su trabajo, algunos de los miembros más débiles de esas comunidades ahora tienen muchas probabilidades de conseguir la alfabetización y terminar con el círculo de pobreza. Bill y la fundación están haciendo todo lo que pueden por llegar a estos niños de todo el mundo a tiempo.

La generosidad de Bill no solo llega a los países más pobres del mundo. De hecho comienza en casa, justo en el corazón de su próspera empresa de audífonos. Él dirige la compañía de fabricación de audífonos más grande de América. Se le conoce generalmente como un maestro en su terreno. Probablemente podría cobrar lo que quisiera por sus productos de primera clase, pero el método de pago que más le emociona es "donar". Bill siempre le ha dicho a todo su equipo que si las personas no se pueden permitir pagar sus audífonos, están obligados a escribir la palabra *DONAR* en la orden y dejar que esos clientes se lleven su audífono sin coste alguno. Su credo es: "Solos podemos lograr muy poco, ¡pero juntos podemos cambiar el mundo!".

Bill Austin es un hombre increíble, y he tenido la bendición de pasar tiempo con él varias veces a lo largo de los años. Nos conocimos cuando ambos asistimos a una reunión de empresarios en la Isla Necker de Richard Branson hace varios años. Se describió a sí mismo cono el "maestro de la escucha", el hombre que había equipado a todos los necesitados de ayuda auditiva desde los presidentes Reagan, Clinton y Bush (ambos) y la Madre Teresa, Elton John, el papa Juan Pablo II y Billy Graham. Su edificio es conocido afectuosamente como la Clínica Mayo de la audición. No cabe duda de que Bill Austin es un empresario muy trabajador y experto de fama mundial en su terreno. Podría hacer absolutamente lo que quisiera con su tiempo, pero su actividad favorita en el mundo es hacer milagros para los hombres, mujeres y niños a quienes con demasiada frecuencia se les pasa por alto. Nunca podría contentarse con simplemente ir a un *trabajo*, realizar su actividad durante ocho horas y luego regresar a casa. ¡Imposible! Nunca conforme con simplemente "hacer audífonos", Bill probablemente diría que su principal trabajo es dar el milagro de oír a quienes lo necesitan. Ha convertido su carrera en el llamado de su vida, y dejará más de un millón de milagros tras él antes de terminar.

Dar como forma de vida

Brad Formsma es otro ejemplo fantástico de alguien que ha descubierto cómo convertir su carrera a tiempo completo en una cadena de hermosos milagros. Sin embargo, la situación de Brad es un poco distinta: él no solo *hace* milagros; los *colecciona*.

Brad comenzó cortando césped mientras estaba en el instituto, y esa actividad creció con los años, jardín a jardín, hasta convertirse en una empresa totalmente capacitada de paisajismo de jardines después de la universidad. Añadió construcción y equipamiento pesado a la lista de servicios de su empresa, y se hizo sorprendentemente exitosa. Él y su esposa, Laura, disfrutaban del dinero que estaban ganando. Él admite: "Nos hicimos muy buenos dándonos a nosotros mismos mientras dábamos un poquito a los demás". Al haber crecido en la iglesia, Brad veía el dar como un ideal, pero no era una gran motivación en su vida en ese entonces. Perseguía lo que pensaba que hacía a la gente exitosa: dinero, posición y prestigio.

Esa subida en la escalera dio un giro pronunciado el día que Brad hizo una peligrosa oración. Él y su esposa habían estado luchando con cómo hacer de su fe una parte más importante de sus vidas, y Brad finalmente oró: "Dondequiera que estés, Dios, toma mi vida y yo haré lo que quieras que haga". Fue entonces cuando las cosas comenzaron a cambiar. Esa oración, junto a un par de malos negocios en la empresa que le dieron a Brad un golpe de humildad, cambió el corazón de Brad durante los años siguientes. La familia comenzó a aventurarse en dar, primero dando un cheque a una organización benéfica, luego ayudando a los necesitados a pagar su despensa en la línea de caja, después encontrando formas mayores y más drásticas de dar.

Durante todo este tiempo, la empresa de Brad continuaba creciendo, pero no eran sus logros empresariales lo que le hacía sentirse exitoso; eran sus experimentos en la generosidad. Cada vez se iba haciendo más adicto al gozo que experimentaba cuando Dios les usaba para llevar un milagro a la vida de otra familia. Después, llegó el momento crítico. Alguien le planteó a Brad una pregunta desafiante, y su respuesta le sorprendió. Cuando le preguntaron cuál sería su trabajo soñado, Brad respondió: "Me encantaría animar a la gente a dar porque creo que vivimos en un mundo enfocado en el yo, y eso choca con mi creencia de que es más bienaventurado dar que recibir". Esa respuesta cambiaría el curso de la vida de Brad en los años venideros.

Brad comenzó a ofrecerse como voluntario en una organización sin ánimo de lucro llamada Generous Giving. En breve, no obstante, se metió de cabeza vendiendo su exitosa empresa de paisajismo y yendo a trabajar para la organización a tiempo completo. Aunque el trabajo de estrategia y planificación de la organización sin ánimo de lucro le parecía importante, nunca se sintió totalmente satisfecho enfocándose solo en el cuadro general de dar. Le gustaba oír historias acerca de momentos concretos cuando Dios usaba a alguien para cambiar la vida de otra persona. Quería oír acerca de milagros.

Por ejemplo, a Brad le encantaba contar la historia de cómo él y su familia bendijeron a una familia refugiada en su ciudad. A la familia sudanesa, que dependía de bicicletas como su principal medio de transporte, les habían robado las bicicletas. El periódico local dominical hizo un breve reportaje contando la historia un fin de semana, y eso provocó algo en el corazón de Brad. Le preguntó a su hijo pequeño qué pensaba que debía hacer para ayudar a estos desconocidos, y el niño no lo dudó: "¡Deberíamos comprarles unas bicicletas!", exclamó. Por supuesto, Brad estuvo de acuerdo y toda la familia se subió a la camioneta para un día de milagros.

Tras comprar las bicicletas para la familia refugiada, los Fromsma condujeron hasta el área mencionada en el periódico y buscaron la casa que había en la foto del artículo. Tras esperar varias horas a que la familia llegara a casa, Brad, su esposa, y sus dos hijos tocaron al timbre de la puerta emocionados y descargaron los regalos. ¡La sorprendida familia se quedó impactada! Con un inglés a medias y una gran sonrisa, lo único que el agradecido padre pudo decir fue: "¡Me gusta bicicleta! ¡Me gusta bicicleta!"[4].

Esa historia se repitió tan a menudo y con tantos grupos de personas que encendió una revolución "Me gusta". Brad comenzó a recibir más y más historias "Me gusta" que hablaban de formas significativas y concretas en las que personas salían de su zona de comodidad y hacían algo importante por otro. Brad se asoció con un amigo que era productor de cine para grabar algunas de esas conmovedoras historias. Esos cortos se hicieron tan populares y se distribuyeron tanto, que Brad dejó Generous Living y comenzó su propia organización sin ánimo de lucro llamada muy apropiadamente "Me gustar dar".

A través de su nueva organización sin ánimo de lucro, sus cortos y su popular página web, ILikeGiving.com (donde puedes ver el video de "I Like Bike"), Brad Formsma está dando todos los días a los que hacen milagros un lugar para compartir sus historias. A medida que circulan más videos, más personas se sienten inspiradas a dar, lo cual da como resultado más historias, y el ciclo de dar continua. Como resultado, ahora Brad experimenta algo que yo he disfrutado durante décadas: unas provisiones casi inagotables de poderosas y conmovedoras historias de Dios obrando a través de personas para cambiar vidas. Como dotado emprendedor, Brad podría haber continuado expandiendo su empresa de paisajismo mientras daba generosamente, o podría haber convertido su idea de los videos de dar en una nueva aventura empresarial, pero esa no era su motivación. Él explica: "Podríamos salir y hacer mucho en la empresa privada, pero creo que podemos hacer un bien mucho mayor si lo hacemos como lo estamos haciendo". Brad ha encontrado una manera de vivir a base de hacer milagros, y no podría ser más feliz.

Haz que tu carrera sea milagrosa

Una de las bendiciones más grandes de mi vida ha sido la oportunidad de pasar mis días enseñando, entrenando e inspirando a otras personas. Es un sentimiento increíblemente infeccioso desempeñar una pequeña parte en lo que ellos ven como milagros. Recibir un salario por hacer eso, y tener la libertad y capacidad de hacer eso todo el día durante todos los días, ¡es un milagro en sí mismo!

Sin embargo, no tienes que escribir libros o entrar en el circuito de la oratoria como yo. Hay algo que puedes hacer en tu carrera *hoy* para llevar un milagro a la vida de alguien. No me importa a lo que te dediques; te prometo que hay alguna forma en que puedes marcar la diferencia bendiciendo a alguien a tu alrededor. Demasiadas personas piensan que la única forma de ganar en la empresa es "buscando ser el número uno". ¡Eso es mentira! Como dice el gran Brian Tracey: "Las personas de éxito están siempre buscando oportunidades de ayudar a otros. Las personas no exitosas están siempre preguntándose: ¿Y qué gano yo en esto?". Si quieres ser exitoso, debes buscar formas de llevar milagros a la vida de otra persona. Al ayudar a que otros ganen, tú también ganas.

Si quieres ser exitoso, debes buscar formas de llevar milagros a la vida de otra persona. Al ayudar a que otros ganen, tú también ganas.

Convertirse en el factor y la fábrica para hacer milagros

A veces cuando estimulas los milagros, no escuchas de ellos y sus efectos sobre otras personas hasta mucho después. Yo tengo la súper bendición de tener profundas relaciones con muchas personas maravillosas, poderosas y extraordinariamente exitosas que conozco, confío, respeto y admiro. He conocido a Trudy Green y sus hijos durante años. Son grandes amigos. Trudy ha dirigido a grandes estrellas del rock como los Rolling Stones, Janet Jackson, Aerosmith y muchos otros. Su hijo, Ben Rolnik, es un joven muy brillante que emana un brillantez persuasiva. Ben tiene talentos extraordinarios que yo he intentado contratar para mi empresa en varias ocasiones. Ben conoce a muchas personas influyentes, literalmente por todo el país.

Hace poco, Ben llamó y dijo: "Mark, tienes que conocer al mejor estudiante del mundo. Fue uno de los primeros contratados en Facebook, fue a Harvard y está creando una empresa que cambiará el mundo porque te oyó hablar en 1997 en una reunión en la Universidad Ball State ante veinte mil líderes estudiantiles. Se llama Chris Pan. Gracias a tu dinámico e inspirador discurso, decidió convertirse en orador como tú. Ahora, quiere ir a tu oficina y darte las gracias por inspirarle a la grandeza. ¿Le podrás recibir?".

Chris Pan, de treinta y siete años, vino a mi oficina emanando su profunda gratitud. Dijo: "Me encantó su poderoso, inspirador y profundo discurso. Me convertí en orador gracias a usted. Hablar me ayudó a entrar en Harvard, y eso dio comienzo a mi temprana carrera en Facebook, donde pude enseñar chino personalmente a Mark Zuckerberg. Todo eso ocurrió porque yo era un orador muy visible para la compañía".

Actualmente está creando el proyecto The MyIntent Project—What's Your World? (www.myintent.org), donde su misión es ser un catalizador de conversaciones significativas y energía positiva. Piden a personas que escojan una palabra que quieran tener como recordatorio de su propósito, y luego la organización de Chris les envía una pulsera con esa palabra grabada en ella.

"Mi propósito es que cada pulsera se convierta en lo que provoque las mejores conversaciones, las más originales e inmediatas que hayan existido", se entusiasmaba Chris. "Todo el que consigue una no puede dejar de hablar de ella, y se está haciendo viral. Usted lanzó muchos milagros en mi vida. Usted es una fábrica de generar milagros, Mark, y yo quiero hacer lo mismo en mi generación. Me encanta la idea de que cada pulsera/palabra de MyIntent sea un milagro".

Tú también eres una fábrica de generar milagros. Así que búscalos en tu vida y estoy seguro de que verás muchos más milagros producirse en tu vida, en las vidas de los que te rodean, y asegúrate de que los milagros se produzcan incluso para aquellos que nunca llegues a conocer.

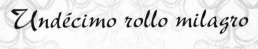

Undécimo rollo milagro

Yo soy el amor que crea milagros

Mi corazón está lleno de amor,
lo cual es el verdadero poder para hacer milagros.
Puedo forjar milagros para crear amor en mi mente.
Puedo crear milagros que creen más milagros.
Porque el secreto de los secretos es que
los milagros se forjan mediante el amor.

12

La pregunta milagro

Hemos hablado mucho sobre milagros en este libro. Hemos discutido lo que son y cómo funcionan. Hemos hablado acerca de enormes milagros cósmicos y formas pequeñas y sencillas en las que un milagro cambia el curso de la vida de alguien. Hemos hablado acerca de cómo ver los milagros en tu propia vida, y hemos visto varios ejemplos de cómo podemos ser el milagro en la vida de otra persona. Pero aquí es donde la teoría y el ánimo se convierten en una realidad. Es aquí donde te presento una verdad que llevará a un fin tu camino de hacer milagros, o lo pondrá en modo explosivo. Esa verdad es simple:

nada de esto importa si no decides ahora mismo convertirte en un hacedor de milagros en el mundo.

Quiero motivarte a cambiar tu vida. Si puedo tener alguna pequeña función en que Dios redirija tu vida hacia una ilimitada cadena de milagros, entonces tendré el gozo de participar en todos esos milagros contigo. ¡Y tú puedes hacer lo mismo cuando inspires a otros!

Todas las charlas, historias y teorías del mundo no importarán si no te llevan a actuar. Verás, uno de mis objetivos ocultos para este libro ha sido realmente hacer un milagro *para ti*. Quiero motivarte a cambiar tu vida. Si puedo tener alguna pequeña función en que Dios redirija tu vida hacia una ilimitada cadena de milagros, entonces tendré el gozo de participar en todos esos milagros contigo. ¡Y tú puedes hacer lo mismo cuando inspires a otros! Ese es uno de los muchos gozos de todo este proceso; ¡juntos, podemos experimentar y participar en un número exponencial de milagros! Pero eso solo ocurre cuando nos atrevemos a hacernos lo que yo llamo "La pregunta milagro". Encontraremos esa pregunta transformadora en la poderosa historia de John O'Leary.

El poder de uno

A finales de la década de 1980, John O`Leary era el típico niño de nueve años que se criaba en St. Louis, Missouri. Tenía una buena vida con hermanos y hermanas, y con dos padres maravillosos que se amaban profundamente, así como a sus hijos. La vida iba bien en la familia O'Leary, hasta que todo se desmoronó un sábado por la mañana.

Como cualquier niño de su edad, John estaba fascinado con lo que veía hacer a los niños más mayores. Al principio de esa semana, John había visto que algunos niños mayores jugaban con fuego. Encendían una pequeña hoguera en el suelo, se retiraban un poco y luego arrojaban un poco de gasolina en la llama para ver cómo explotaba la llama. El espectáculo quedó grabado en la mente de John durante días hasta que llegó el día en que él mismo decidió intentarlo. Mientras sus padres estaban fuera, John entró al garaje y encendió un trozo de cartón. Su papá tenía un recipiente de gasolina de veinte litros en el garaje, así que John pensó en llevarse todo el recipiente y poner unas gotas de gasolina en el fuego para ver cómo se encendía. Ahora bien, ese contenedor de gasolina pesaba más de veinte kilos, así que el pequeño tuvo que levantarla con un abrazo de oso y volcarla ligeramente sobre la llama encendida.

Lo que el desprevenido niño no anticipó fueron los gases que salieron primero del bidón. Los vapores invisibles se encendieron e inmediatamente llevaron la llama al bidón de gasolina. El bidón que John abrazaba contra su pecho explotó, cubriendo al niño de llamas y lanzándole hasta el otro lado del garaje a siete metros de distancia. Aún consciente y con un pánico salvaje, John no se detuvo, ni se tiró al suelo ni rodó. En cambio, corrió, a través de las llamas, por el garaje, hasta la cocina, y atravesó el salón, todo ello gritando pidiendo la ayuda de alguien. Su hermano de diecisiete años, Jim, llegó corriendo y, al ver a su hermano de pie en el recibidor en llamas, pasó a la acción. Jim tomó un felpudo del suelo y empezó a apagar las llamas. Durante dos minutos y medio, el hermano mayor hizo todo lo que pudo para rescatar a John. Finalmente, las llamas se extinguieron lo suficiente como para que Jim pudiera arropar a John, sacándole fuera y haciéndole rodar por la hierba para apagar el fuego del todo.

Cuando John llegó al hospital, los doctores y enfermeras se sorprendieron de que aún estuviera vivo. Tenía quemaduras en el 100 por cien de su cuerpo; el 87 por ciento de ellas eran quemaduras de tercer grado. Yacía en la cama del hospital luchando por su vida mientras el equipo médico trabajaba. Sus padres finalmente llegaron y le dieron mucho ánimo, pero John cortó sus palabras de ánimo con una triste pregunta: "Mamá, ¿voy a morir?".

Reuniendo toda la fuerza que pudo, y sabiendo que su respuesta establecería el tono de todo el viaje que estaban a punto de comenzar, la madre de John le miró y le preguntó: "John, ¿quieres morir? Porque es tu decisión, y no la mía". Él dijo que no. Ella respondió: "Entonces tendrás que tomarte de la mano de Dios, caminar con Él y luchar como nunca antes". Con eso, John y su familia hicieron el compromiso de luchar, aunque no tenían ni idea de lo que eso conllevaría.

Enseguida, John se sumergió en la oscuridad. Para impedir que accidentalmente se lastimase, John quedó físicamente unido a su cama, con sus brazos atados a los rieles. Sus pulmones estaban muy quemados, lo cual significaba que le resultaba muy difícil respirar. Para que le costase menos, los doctores le realizaron una traqueotomía, un procedimiento en el que hicieron un agujero en la garganta de John para que pudiera respirar a través de un tubo. Esto le facilitaba poder respirar, pero significaba que John era incapaz de hablar. Y según su cuerpo se inflamaba a consecuencia de las terribles heridas, los ojos del niño también se hincharon hasta cerrarse. Así que ahí estaba, con nueve años y luchando por salvar su vida, atado a su cama, sin poder hablar y en total oscuridad. Todo parecía perdido, hasta que una voz que John conocía bien atravesó su oscuridad.

John había crecido escuchando los partidos de béisbol en la radio cada noche durante el verano, y había una voz que todo aficionado al béisbol del medio oeste conocía bien durante esos años. La voz áspera y profunda del presentador de Hall of Fame,

Jack Buck, estaba profundamente implantada en la mente de John. Como John lo explicaba. "Él es el tipo que me acunaba hasta dormirme todas las noches durante el verano cuando me quedaba escuchando su voz en la radio".

Por lo tanto, ahí estaba John, ahora tumbado en su cama del hospital y aterrado. Él recuerda: "Estoy estirado en la oscuridad, quemado el sábado, y ahora es domingo por la mañana. La puerta se abre desde el exterior. Oigo pasos. Alguien entra, se sienta, y acerca la silla. Y entonces oigo su voz: 'Chaval. Chaval, despierta. Vas a vivir. ¿Has oído eso? Sobrevivirás. Y cuando salgas de aquí, lo vamos a celebrar. Lo llamaremos el día de John O'Leary en el campo de béisbol, ¿me oyes?'". John asintió con la cabeza, incapaz de hablar. Esa voz era inconfundible. Era la misma voz que emocionaba a John en la radio durante todo el verano. El legendario Jack Buck le acababa de decir a John que iba a vivir, y la vida de ese niño inmediatamente se llenó de esperanza.

Lo que John no sabía era que su héroe solo pudo quedarse con él en la habitación algo menos de un minuto ese día porque no quería que John le oyese llorar. Una vez que Jack llegó a la seguridad del pasillo, rompió a llorar. Una enfermera le preguntó si estaba bien, y Jack respondió: "No estoy seguro. Ese niño de la habitación 406… no sobrevivirá, ¿verdad?".

La enfermera tiernamente le miró a los ojos y le dijo la verdad: "Sr. Buck, no tiene ninguna probabilidad. No hay nada que podamos hacer. Es su hora".

Al pensar en ese intercambio años después, John dijo: "Todos recibimos esas noticias en algún momento u otro, ya sea en nuestra empresa, nuestra salud o nuestras relaciones. Y cómo respondamos a esas noticias es importante. Jack Buck se llevó esas noticias a casa. Lloró por ello. Oró por ello. Y luego hizo una pregunta. Es una pregunta simple, pero una que pienso que a veces pasamos por alto. La pregunta que hizo esa noche es: ¿Qué más puedo hacer?".

Al día siguiente, John aún estaba atado a su cama en oscuridad. De nuevo, escuchó abrirse la puerta y alguien acercó una silla a su cama. Después volvió a oír esa voz, diciendo: "Chaval, despierta. He vuelto. Vas a vivir. ¿Me escuchas? Vas a sobrevivir. Sigue luchando, porque el Día John O'Leary en el campo de béisbol hará que todo esto valga la pena".

Durante los siguientes cinco meses, Jack Buck acompañó al pequeño que se sintió inspirado a luchar. John recordaba: "La vida de este hombre cambió la mía. Me dio algo en lo que creer durante un tiempo muy, muy difícil. Y juntos corrimos hacia delante, empujando hacia la posibilidad". Los días se convirtieron en semanas y las semanas se convirtieron en meses. Finalmente, John salió del hospital, y él, Jack y varios miles de aficionados más al béisbol disfrutaron del Día de John O'Leary en el campo de béisbol. ¡Fue una celebración! Pero incluso eso fue solo uno de los muchos hitos que le esperaban a John. El siguiente gran reto era restaurar algo de su dignidad a este joven.

Con el paso de los meses, John aún no había regresado a la escuela. Para poder hacerlo, tuvo que aprender a escribir de nuevo. Este era un desafío aparentemente insuperable para el niño porque no tenía dedos en ninguna de sus manos. Sus padres habían intentado motivarle a escribir, pero se sentía demasiado derrotado como para tan siquiera intentarlo. Jack Buck se enteró de eso, y de nuevo, se hizo esta pregunta: ¿Qué más puedo hacer? Y entonces llegó la respuesta.

Pocos días después, John recibió un paquete en el correo de Jack. Era una pelota de béisbol firmada por el gran jugador de béisbol Ozzie Smith. La bola venía con una nota que simplemente decía: "Muchacho, si quieres una segunda bola, lo único que tienes que hacer es escribir una carta de agradecimiento al hombre que te firmó la primera".

El único problema era que John no podía escribir. Jack lo sabía, por supuesto, pero estaba intentando darle a John la motivación para hacer el esfuerzo. Esa noche, los padres de John le pusieron el bolígrafo en la mano y le ayudaron a garabatear una nota ilegible de agradecimiento a Ozzie Smith. Nadie probablemente pudo leer ni una palabra de la nota, pero sirvió para que

John consiguiera una segunda pelota firmada por otro jugador de béisbol famoso. Esta también venía con una nota: "Muchacho, si quieres una tercera pelota de béisbol, lo único que tienes que hacer es escribir otra carta de agradecimiento".

John recuerda: "La cosa funcionaba. ¿Te has dado cuenta alguna vez de que si puedes hacer algo una vez, es mucho más fácil hacerlo una segunda vez?". Y así John escribió otra carta. Pocos días después, una tercera pelota llegó con la misma nota de Jack. Esto continuó durante todo el verano. Antes de terminar, Jack había enviado un total de sesenta pelotas a John, que ahora era capaz de escribir por sí solo notas de agradecimiento perfectamente legibles. ¡La motivación de Jack funcionó! Esa persistencia hizo que John regresara a la escuela, y después al instituto y finalmente a la universidad. Pero la cadena de milagros de Jack no había terminado.

La noche de la graduación de la universidad, John recibió la visita sorpresa de su viejo amigo y mentor. Jack apareció con un paquete para el niño con el que había caminado durante más de una década. Como todos los demás paquetes de Jack, este llegó con una nota: "Chaval, esto significa mucho para mí. Espero que también signifique mucho para ti. Disfrútalo. Es tuyo". John abrió la caja y encontró su pelota número sesenta y uno, pero esta era distinta. Las luces de la sala se atenuaron, con lo que John no podía saber exactamente lo que tenía entre sus manos. Sacó la caja al pasillo donde había más luz, y fue entonces cuando se dio cuenta de lo que Jack le había dado. Era una hermosa réplica de una pelota de béisbol hecha totalmente de cristal, con la siguiente inscripción:

Jack Buck

Salón de la Fama del Béisbol

1987

Era la pelota de cristal que Jack había recibido cuando le incluyeron en el Salón de la Fama del Béisbol. No tenía precio, no solo por su valor para el juego del béisbol. Era muy valiosa porque simbolizaba el increíble poder de un hombre para cambiar la vida de otra persona al atreverse a hacerse la pregunta a veces imposible: ¿Qué más puedo hacer?

Hoy día, John es un hombre sano, felizmente casado y criando a cuatro hermosos hijos. Vive la pasión de su vida como orador popular que lleva un fuerte mensaje de esperanza y motivación a audiencias de todo el país. A través de su empresa de oratoria y liderazgo, apropiadamente llamada Rising Above (Levantándome), John O'Leary anima a las personas a ir más allá de sus límites y superar cualquier obstáculo desafiándolos con la pregunta sencilla de Jack: ¿Qué más puedo hacer? Nada de esto habría sucedido si, veinticinco años atrás mientras estaba tumbado en la cama del hospital, John no hubiera oído la voz de un verdadero hacedor de milagros llamándole: "Chaval, despierta. Vas a vivir. ¿Me oyes?".

Echando la vista atrás, John dijo: "El milagro es el amor. El milagro es aparecer para otros porque te importa más la vida de otros que la tuya. Es entonces cuando se produce el verdadero milagro".

Echando la vista atrás, John dijo: "El milagro es el amor. El milagro es aparecer para otros porque te importa más la vida de otros que la tuya. Es entonces cuando se produce el verdadero milagro".

No conozco a nadie que esté más feliz de estar vivo que John O´Leary. Está viviendo de milagro en milagro y animando a miles en todo el país a ser hacedores de milagros, al igual que su mentor Jack Buck.

Si quieres saber más de él, visita su página web RisingAbove.com, y busca su próximo libro.

¿Qué más puedo hacer?

Cada uno de nosotros tiene el *deseo* de crear milagros. Aunque pueda parecer evidente por sí mismo después de leer las numerosas historias de este libro, es muy probable que nadie te hubiera dicho hasta ahora que fuiste creado para ser un milagro y un creador de milagros. Este nuevo descubrimiento suscita entonces de forma natural esta pregunta en tu corazón: ¿Qué más puedo hacer para crear y expandir mi poder para hacer milagros?

Lo primero que debes hacer es seguir conectado a la Fuente: Dios. Si quisieras planchar una camisa y dejarla estirada y bonita, tendrías que enchufar la plancha, dejar que se caliente y comenzar a planchar de inmediato. No la calentarías, la desenchufarías y después volverías un día después esperando quitar las arrugas, ¿verdad? Claro que no. Eso sería una experiencia muy frustrante, y no te sentirías muy orgulloso al hacer la tarea. Sin embargo, así es como la mayoría de las personas vive su vida. Se conectan a la Fuente, van a la iglesia los domingos, pero luego se desenchufan el lunes por la mañana al comenzar sus actividades de la semana. Y se preguntan por qué no experimentan nada milagroso en ellos o a través de ellos.

Si te mantuvieras enchufado al Creador todo el tiempo, imagínate los milagros tan frecuentes y poderosos que verías a tu alrededor. Podría ser una idea revolucionaria en tu mente ahora mismo, pero recibirías mucho potencial para ser un hacedor de milagros. Los deseos de tu corazón son la semilla de la fe y el comienzo del camino a la acción y futuros resultados. Dios te da un permiso total y completo para comenzar a recibir y generar milagros para ti mismo y para otros. Jesús preguntó: "¿Acaso nunca van a creer en mí a menos que vean señales milagrosas y maravillas?" (Juan 4:48, NTV). ¿Necesitas tú ver señales milagrosas y maravillas, o puedes tan solo creer y empezar a crearlas?

Dios es obviamente el que origina todos los milagro pasados, presentes y futuros, y leemos en la Biblia que "Jesucristo es el mismo ayer, hoy y siempre" (Hebreos 13:8, NTV). A través de las Escrituras también sabemos que " Entonces Dios dijo: «Hagamos a los seres humanos a nuestra imagen, para que sean como nosotros»" (Génesis 1:26, NTV). Yo interpreto que esto significa, entre otras cosas, que debemos hacer milagros, así como el Padre y el Hijo han hecho durante toda la eternidad. No te abrumes con esta idea, no obstante. Al permanecer conectado y viviendo en un estado de asombro, en consonancia con el Espíritu de Dios, milagros grandes y pequeños comenzarán a producirse.

Con demasiada frecuencia pensamos que necesitamos algún evento o idea gigantesca para hacer un milagro en nuestra vida o la de otra persona, pero no es así. Lo único que necesitamos es la fortaleza y convicción para encontrar *una cosa más*. ¿Qué es *esa cosa más* que puedes hacer para ayudar, servir o animar a alguien en necesidad? ¿Qué es *esa cosas más* que puedes hacer para cambiar el día de alguien, o quizá cambiar su vida? Hoy, mientras meditas en todas estas historias que has leído en este libro, te reto a que mires tu vida y a la gente que te rodea y te hagas la que yo llamo la Pregunta Milagro: ¿Qué más puedo hacer?

Los resultados podrían ser sencillamente… milagrosos.

Duodécimo rollo milagro

Hoy soy un hacedor de milagros

Hoy he nacido de nuevo.

No dejaré que nadie ni nada

me distraiga o disuada de

creer en mis milagros.

Buscaré y crearé milagros en todo lugar.

Me levantaré en cada ocasión.

Recibiré los milagros felizmente.

Aceptaré los milagros gentilmente.

Sé que el favor de Dios será derramado en mi vida

cada minuto y cada segundo de cada día.

Conclusión

El desafío milagro

C omo habrás visto repetidamente durante este libro, yo me esfuerzo por mantener la mentalidad de milagro cada día, en cada interacción, con todos aquellos con los que me relaciono. Siempre estoy buscando una "entrada", alguna manera de entrar en la vida de alguien y hacer algún pequeño acto de gracia que cambie el rumbo de su día (o quizá de toda su vida) en una dirección totalmente nueva y emocionante. La "Pregunta Milagro" que identificamos en el capítulo anterior siempre está sonando en mis oídos: ¿Qué más puedo hacer? Esa es una pregunta poderosa, y tu disposición a hacer de esa pregunta una parte de tu vida cotidiana determina si te convertirás o no en un hacedor de milagros.

¿Qué más puedo hacer? Esa es una pregunta poderosa, y tu disposición a hacer de esa pregunta una parte de tu vida cotidiana determina si te convertirás o no en un hacedor de milagros.

Cuando fallan los milagros

Por supuesto, necesitamos algo más que buenas intenciones para cambiar el mundo. Recuerda las palabras del apóstol Pablo: "Todo lo puedo en Cristo que me fortalece" (Filipenses 4:13). Todo lo puedo... ¿cómo? A través del Hacedor de Milagros supremo. Muchas veces, nos confundimos con este principio sencillo y fundamental. Nos animamos con *nuestros* éxitos pasados. Nos hinchamos con las cosas increíbles que creemos que *hemos* hecho. ¡Comenzamos a pensar que *nosotros* podemos hacer cualquier cosa! Pero ¿cuál es el problema de todas estas frases? Nos demuestran una falta de enfoque, una desviación de la verdadera fuente de milagros. Acortamos las palabras del apóstol Pablo y simplemente decimos: "Todo lo puedo; punto".

Mantener tu perspectiva de los milagros

Con todo lo anterior en mente, regresemos a donde comenzamos. Dijimos al comienzo de este libro que un milagro es simplemente Dios, el Creador del mundo natural, interviniendo y alterando temporalmente el orden natural que Él estableció. Discutimos las "primeras causas" y las "segundas causas". La primera causa es siempre Dios. No hay sustituto. No importa cuántas cosas asombrosos vea o con qué frecuencia participe en el milagro de otro, yo nunca seré la primera causa. Ese es el lugar de Dios en el orden de las cosas.

Sin embargo, también dijimos que Dios decide misericordiosamente actuar a través de segundas causas. ¡Ese soy yo! ¡Ese eres tú! Es ahí donde comienza nuestra participación en los milagros de Dios. Es el cuadro del Carpintero Jefe (Dios) escogiendo la mejor herramienta (tú o yo) para el trabajo pendiente. No se cuestiona, por ejemplo, que Miguel Ángel fue la principal fuerza creativa detrás de la magnífica estatua de David. Sin embargo, las herramientas que escogió Miguel Ángel para el trabajo fueron de vital importancia. No cabe duda de que él mantuvo sus herramientas en perfecto orden de trabajo, siempre listas para crear algo hermoso en sus manos. Creo que así es exactamente como Dios nos usa. Sí, los milagros son finalmente suyos, pero por su gracia y bondad, ¡Él escoge hacer muchas de esas maravillas milagrosas en nosotros y a través de nosotros!

Aceptar el desafío milagro

Si tan solo te tuvieras que quedar con una cosa de este libro, oro para que recuerdes esto: Los milagros no solo se producen a tu alrededor: ¡tú *eres* un milagro! Eres la obra maestra de Dios. Fuiste creado perfectamente para un propósito específico. Vimos antes que Dios esculpió cada parte de tu ser de una forma muy intencional, y al hacerlo, conocía toda buena obra, todo milagro, que Él te llamaría a hacer (Efesios 2:10).

Los milagros no solo se producen a tu alrededor: ¡tú *eres* un milagro! Fuiste creado perfectamente para un propósito específico.

No eres un accidente, y tampoco lo son los millones de interacciones y oportunidades diarias que pasan por tu lado en el río de la vida. Dios tiene cosas grandes preparadas para ti, y está constantemente trayendo a tus pies posibles milagros. Nuestro desafío, como hacedores de milagros, es adentrarnos en el fluir y aprovechar cada oportunidad que venga a nuestro encuentro. Así que no solo te arrodilles y ores pidiendo milagros; ten tu cabeza levantada y tus ojos abiertos, ¡y ve y *sé* el milagro en la vida de alguien!

Reconocimientos

¡VAYA! Este libro es un milagro. La invitación y petición de escribir fue un milagro. Escribirlo fue un milagro. Pedirle a mi memoria que recuperase y recordase los milagros que he experimentado y expresado ha sido un milagro. Las aportaciones de mis amigos han sido sin duda alguna milagrosas. Que se juntara todo de una forma tan bella y rápida es un absoluto milagro. Mi sueño es que esto abra a todos los lectores para recordar, descubrir y encontrar nuevos milagros en sus vidas. Eso hará que un milagro siga a otro milagros.

Ted Squires es un agente milagroso, que vino a mí para escribir mi composición. Qué petición tan gloriosa y agradable. Ted me pidió si podía escribir un libro como el de mi querido antiguo ministro, el difunto y gran Dr. Norman Vicent Peal, *The Power of Positive Thinking*. Ted me dijo: "Millones necesitan tu libro, ahora más que nunca". No podría haber oído una petición más perfecta. Repetidamente le he dado gracias por ello. Mejor aún, Ted me ha presentado a los principales de las mega-iglesias, personas de los medios de comunicación y otros que me ayudarán a que este libro alcance a mega-millones de lectores.

Byron Williamson, el estimado director general y presidente de Worthy Publishing, quien, invitado por Ted, vino para comer conmigo y con Crystal. Juntos, decidimos que escribiría un gran libro sobre milagros que crearía milagros en las vidas de muchos, muchos lectores. Estoy muy agradecido por mi editor de Worthy Publishing, Kyle Olund, por recorrer la milla extra y ayudar a ampliar la excelencia y el espíritu de mi mensaje sobre milagros.

Crystal Dwyer Hansen, mi querida pareja en la vida y en el matrimonio, la mujer más sabia y más hermosa por dentro y por fuera que jamás he conocido, me dijo que escribiera una cronología de los milagros de la historia de mi vida. La idea echó raíces de inmediato y tú ves el resultado. Esta mujer me inspira y saca lo mejor de mí. También me mantiene unido cuando a veces siento que me estoy desmoronando, cuando a veces me siento abrumado. Ella es mi llama gemela y mi media naranja.

Mitch Sisskind es mi editor, amigo, y el hombre que me ha ayudado una y otra vez a "sacar el conejo de la chistera" y me ha ayudado con muchos proyectos. Mitch conoce el alma de mi escritura. Me edita en mi voz y nunca se queja. Mitch simplemente perfecciona mi obra. Me siento un completo deudor de él. Mitch es un estudiante de por vida de la espiritualidad y los estudios de la sabiduría. Mitch ha editado a la mayoría de los escritores de nuestro tiempo. Estaré siempre agradecido por su sabiduría, comprensión y buena eficacia.

Mi equipo de la oficina ha ido la milla extra en cada una de nuestras siete empresas mientras he estado dedicado a escribir y dar giras por todo el mundo, haciendo reuniones en mi compañía de energía alternativa, nuestros nuevos productos de seguros de vida, nuestra compañía de software y otras empresas emocionantes. Los lectores suponen que los escritores solo escriben; yo tengo una vida gozosamente llena. Mi gratitud a Karen Schoenfeld, nuestra Directora de operaciones, que ha mantenido todo estable en nuestra ausencia y ha sonreído en medio del tumulto y el caos, haciendo que mantener nuestros respectivos barcos a flote pareciera algo natural. Nuestro agradecimiento a Josh Escamilla, que ha crecido inmensamente asumiendo tareas que tenía que dominar en mi lugar prácticamente de la noche a la mañana y lo hizo brillantemente bien.

Y un agradecimiento especial a todos mis gloriosos colaboradores y amigos que realmente me conocen, aún me siguen amando y aprecian y recuerdan nuestros maravillosos milagros juntos.

Los rollos milagro

Los rollos milagro presentados en este libro te han animado a reconocer la maravillosa obra de Dios en ti y a través de ti. Los doce están incluidos en esta sección para que sean fáciles de leer y meditar en ellos regularmente, haciendo que cada día tengas una mentalidad de milagro cada vez mayor.

Primer rollo milagro

Los milagros son naturales para mí

Dios quiere que mi vida esté llena de milagros.

Mi vida misma es un milagro.

Los milagros me suceden continuamente.

Me despierto cada día y experimento el milagro de vivir.

Mis milagros están aumentando y acelerando.

Pienso en milagros, así que estos se producen.

Mis sueños son milagrosos porque

me programo para ellos antes de dormirme,

esperando, pensando y sintiendo el gozo de los milagros.

Al levantarme me entrego a esta afirmación:

Hoy espero y recibo felizmente los milagros.

Segundo rollo milagro

Yo soy uno de los mayores milagros de Dios

Yo soy uno de los mayores milagros de Dios.

Dios me hizo a su imagen y semejanza (Génesis 1:27).

Dios creó los cielos y la tierra.

Dios me creó a mí para crear.

Soy libre para crear milagros.

Muchos de los hombres y las mujeres de la Biblia

crearon milagros.

La Fuente de los milagros es la misma ayer, hoy y por los siglos.

Los milagros son mi herencia y mi destino.

El destino de Dios para mí es crear milagros.

Yo soy y siempre seré uno de los mayores milagros de Dios.

Tercer rollo milagro
Tengo mentalidad de milagro

Los milagros son divertidos de crear porque tengo una

mentalidad de milagro.

Me he fijado el objetivo de crear milagros.

Hoy y cada día puedo crear milagros emocionantes.

Tengo planes de crear más y más milagros.

Desde antes de mi nacimiento Dios planeó crear milagros en

mí y a través de mí.

Estoy leyendo esto y recordando la promesa que Él me hizo

incluso antes de que yo naciera.

Cuarto rollo milagro

Yo soy un milagro único

Soy un milagro único, como ningún otro; jamás.

Mi alma es un milagro.

Mi mente es un milagro pensante.

Mi cerebro es un milagro de inventario.

Mis emociones son un milagro de guía.

Mis ojos son un milagro. Mis oídos son un milagro.

Mis manos son un milagro. Mi boca es un milagro.

Mi piel es un milagro. Mi cuerpo es un milagro.

Mi caminar es un milagro. Mi hablar es un milagro.

Mi pensamiento es un milagro. Mi capacidad de ser es un

milagro.

Mi capacidad de hacer es un milagro.

Mi capacidad de tener es un milagro.

Mi capacidad de servir grandemente es un milagro.

Mi capacidad de amar es un milagro.

Quinto rollo milagro
Yo espero milagros

Siento, creo y espero milagros.

Las promesas de Dios son las mismas ayer, hoy y mañana.

Los milagros de Dios se mostraron a través de Moisés, David,

Salomón y Jesús, y lo que Dios ha hecho por ellos lo hará a

través de mí.

Mi futuro es milagroso.

Tengo una certeza milagrosa en la empresa y en la vida.

Estoy seguro de que mis problemas son

oportunidades disfrazadas.

Estoy aquí para convertirme en uno de

los mayores milagros de Dios.

Fui creado a imagen de Dios, y Él está en mí.

Siento el aliento de Dios en mí ahora y siempre.

Sexto rollo milagro
Yo comienzo cada día con amor

Saludaré a este día creando milagros

en base al amor en mi corazón.

Mi corazón está lleno de amor y rebosando

con un poder para hacer milagros.

Usaré el *Amor*,

la fuerza más grande del *Universo*,

para superarlo todo,

porque ningún odio puede defenderse contra el *Amor*.

Séptimo rollo milagro
Yo soy la mayor obra maestra de Dios

Yo soy el amor de Dios hecho visible.

Fui concebido por el amor de Dios

y creado para hacer maravillas.

Soy raro, y hay valor en toda rareza;

por lo tanto, soy valioso y

mi valor y dignidad aumentan continuamente.

Soy una criatura de la naturaleza maravillosamente única.

Soy único en mi especie.

No hay nadie como yo.

Soy una obra maestra de Dios.

Octavo rollo milagro
Yo tengo un potencial ilimitado

Tengo un potencial ilimitado para pensar, crecer y desarrollar.

Solo puedo escoger lo que quiero manifestar.

Mi potencial anhela que lo use.

Puedo aumentar y aumentaré enormemente mis logros mil
veces más para beneficio de todos.

Noveno rollo milagro
Mis mañanas son extraordinarios

El milagro de mi nacimiento fue un gran comienzo,

y con Dios extenderé mis milagros diariamente.

Cada día soy apasionado a propósito

para hacer grandes obras, y eso me anima a hacerlo.

Pondré metas grandes e inspiradoras y trabajaré para lograrlas.

Crearé cada vez más metas como destinos
para mis futuros logros.
Cumpliré mi potencial a su límite.
Mejoraré constante y continuamente mi pensamiento,
lenguaje, vocabulario, maneras, gracias, cortesía
y habilidades personales.
Seré el amor hecho visible.

Décimo rollo milagro
Yo sobreviviré y prosperaré

Me deleitaré en los desafíos
porque sé que con Dios
puedo resolver cualquier crisis.
Sobreviviré y prosperaré.
Los problemas son oportunidades disfrazadas.
Están aquí para inspirar mi crecimiento
y ayudarme a descubrir soluciones creativas.
Los obstáculos ante mí están ahí para que los supere.
Usaré todos mis talentos y recursos para resolverlos
porque estoy seguro de que Dios desea
que yo sobreviva y prospere.

Undécimo rollo milagro
Yo soy el amor que crea milagros

Mi corazón está lleno de amor, lo cual es el verdadero poder

para hacer milagros.

Puedo forjar milagros para crear amor en mi mente.

Puedo crear milagros que creen más milagros.

Porque el secreto de los secretos es que los milagros se forjan

mediante el amor.

Duodécimo rollo milagro
Hoy soy un hacedor de milagros

Hoy he nacido de nuevo.

No dejaré que nadie ni nada

me distraiga o disuada

de creer en mis milagros.

Buscaré y crearé milagros en todo lugar.

Me levantaré en cada ocasión.

Recibiré los milagros felizmente.

Aceptaré los milagros gentilmente.

Sé que el favor de Dios será derramado en mi vida

cada minuto y cada segundo de cada día.

Notas

1. Eric Kuzmiak, "Open-Mic: Greatest Sports Achievements—Do You Believe in Miracles?" (BleacherReport.com, 11 de junio de 2008, consultado en línea el 2 de febrero de 2015).

2. Rabbi Lawrence Kushner, *God Was in This Place & I, Did Not Know* (Woodstock, VT: Jewish Lights Publishing, 1991), p. 25.

3. Barry M. Horstmann, "Billy Graham: A Man with a Mission Impossible," *Cincinnati Post*, 27 de junio de 2002 (http://www.highbeam.com, consultado en línea el 2 de febrero de 2015).

4. Ver aquí la historia: http://ilikegiving.com/films/i-like-bike.

Acerca del autor

Mark Victor Hansen es autor y solicitado orador. Es el cocreador de la serie y marca de libros Caldo de Pollo para el Alma y ha vendido más de quinientos millones de libros en todo el mundo. Considerado uno de los líderes más cautivadores de nuestro tiempo, Hansen ha aparecido en programas de televisión como *Oprah* y el programa *TODAY* y en publicaciones como *Time, USA Today* y *The New York Times*. Vive en Newport Beach, California.

WORTHY®
Latino

Si le gustó este libro,
¿consideraría compartir el mensaje con otros?

- Mencione el libro en un post en Facebook, un update en Twitter, un pin en Pinterest, o una entrada en un blog.

- Recomiende este libro a quienes están en su grupo pequeño, club de lectura, lugar de trabajo y clases.

- Visite Facebook.com/WorthyPublishingLatino, dé "ME GUSTA" a la página, y escriba un comentario sobre lo que más le gustó.

- Escriba un Tweet en @WorthyPubLatino sobre el libro.

- Entregue un ejemplar a alguien que conozca y que sería retado y alentado por este mensaje.

- Escriba una reseña en amazon.com, bn.com, goodreads.com o cbd.com.

Puede suscribirse al boletín de noticias de Worthy Latino en WorthyLatino.com

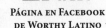 **PÁGINA EN FACEBOOK DE WORTHY LATINO**

SITIO WEB DE WORTHY LATINO